Aviation Service Role Play

항공사 서비스 롤플레이

| 박수미 저 |

양성원

작가의 말

저자의 비행 시절 만난 한 여성 승객이 기억난다.

국제선 장거리 기내식음료 서비스 후 승객 휴식 시간이었는데 밤 비행인 영향인지 대부분의 승객들이 곤히 잠든 상황으로 기내는 고요했다. 저자는 승객들이 안전하고 편안하게 휴식 중이신지 보기 위해 객실순회(Walk Around) 중이였는데, 창가 좌석에 앉은 중년의 여성 승객이 조심스럽게 손짓으로 불러 다가갔더니 "창밖에 뭐가 있어요. 밖에 좀 봐요, 저 날개 끝에 ……."

당시 저자도 승객의 그 말에 순간 '정말 귀신이라도 있는 건가' 당황했으나 승객이 가리키는 창밖을 유심히 보니 승객이 무엇을 보고 놀란 것인지 유추할 수 있었다. 바로 날개 끝의 윙릿(Winglet)*을 보고 무엇인가 날개 위에 앉아 있다고 놀라며 두려워하신 것이다.

항공기 외부도 칠흑같이 어둡고 간혹 주 날개(Main Wing) 점등이 깜박일 때마다 구름 속에 가려졌던 윙릿이 보였다 안 보였다 반복하고 있던 상황이었다.

* 윙릿(Winglet)

비행기 날개 끝에 부착되어 있는 작은 수직 날개로, 날개 끝에 발생하는 소용돌이에 의한 유도항력과 항력을 감소시켜 연료절감에 효과가 있다.

저자는 승객의 상태를 살피고 대화를 하면서 호기심에서 물어본 게 아니라 비행에 대한 긴장과 불안감 때문이라는 것을 느끼고 윙릿(Winglet)에 대한 설명과 함께 안전하게 비행하고 있음을 말씀드리고 잠시 대화를 이어가며 긴장을 풀어드렸던 기억이다.

객실승무원은 이렇듯 다양한 승객의 요구상황을 경험하게 된다. 단순한 객실업무 관련이 아닌 승객의 복잡 다양한 감정적 상황 앞에서 여러분은 어떻게 고객을 응대할 것인가?

본서는 관광산업의 비약적인 발전에서 서비스품질의 가장 중요한 요소는 인적 자원임을 강조하고 기내에서 일어날 수 있는 상황과 대처방법을 제시하여 객실승무원의 업무 및 기내서비스를 이해하는 데 도움을 주고자 한다.

또한 본격적인 서비스 롤 플레이 학습에 앞서 서비스 이미지 메이킹과 고객만족의 중요성을 설명하여 객실승무원뿐만 아니라 서비스직 종사자가 갖추어야 할 Mind & Attitude를 강조하였다.

본서의 특징은 항공사 기내 상황뿐만 아니라 지상에서 발생할 수 있는 상황을 다루어 항공사연계 서비스를 이해하며 각 상황에 해당하는 항공상식을 제시하여 문제해결 방법을 이끌어내고 있다는 점이다.

본서는 총 60명의 승객 상황 설정이 수록되어 있어 각 승객의 요구사항을 모두 해결하였을 때 항공상식과 서비스 마인드 및 고객이해를 갖춘 미래 항공 전문인재가 되는데 도움이 되리라는 바람으로 다음과 같이 구성하였다.

Chapter 1. 서비스 이미지 메이킹에서는 서비스란 무엇인지 그 개념과 서비스인이 갖추어야 하는 기본적 이미지를 소개하였다.

Chapter 2. 고객이해에서는 고객 특성과 고객 만족의 중요성, 불만고객 응대 방법을 소개하였다.

Chapter 3. 항공사 서비스 이해에서는 객실 및 공항 서비스 개념과 특성과 객실서비스 구성을 소개하였다.

Chapter 4. 서비스 롤 플레이에서는 기내에서 일어날 수 있는 상황을 기내서비스 절차별로 제시하고 관련 Tip을 제공하여 상황대처에 도움을 주고자 하였다.

Chapter 5. 항공용어 이해에서는 항공객실 및 여객운송에서 사용하는 용어와 정의를 수록하여 영어 코드로 일반화된 항공사 전문용어의 이해를 돕고 있다.

끝으로 본서가 출간되기까지 오랫동안 기다리고 조력해 주신 양성원 모든 분들께 감사의 마음을 전해드린다.

CONTENTS

작가의 말 / 3

Chapter 01 서비스 이미지 메이킹

1. 이미지 메이킹 11
2. 서비스 이미지 메이킹 19

Chapter 02 고객 이해

1. 고객 특성 35
2. 고객 만족 40
3. 불만고객 42

Chapter 03 항공사서비스 이해

1. 객실서비스 개념과 특성 53
2. 공항서비스 개념과 특성 56
3. 객실서비스 구성 62

차 례

Chapter 04 서비스 롤 플레이

1. 기내서비스 롤 플레이 69
2. 공항서비스 롤 플레이 138

Chapter 05 항공 용어 이해

1. 항공객실 용어 151
2. 항공여객운송 용어 171

- 참고문헌 / 188
- 찾아보기 / 191

항공사서비스 롤플레이

CHAPTER 01

서비스 이미지 메이킹

CHAPTER 01

서비스 이미지 메이킹

1 이미지 메이킹

이미지(Image)란 용어는 라틴어의 '모습', '형상'이라는 뜻의 Imago에서 유래한 것으로, 사람이나 사물로부터 받는 시각적인 인상이나 느낌을 의미한다.

이러한 이미지 메이킹(Image Making)을 형성하는 구성 요소로 크게 외적 요소, 음성 요소, 행위적 요소 그리고 정서적 요소 4가지로 분류할 수 있다. 외적 요소는 외모, 인상, 메이크업, 복장, 신체적 요건 등 시각적으로 보여 지는 것이고, 음성 요소는 음색, 어투, 발음 등 청각적인 것이다. 행위적 요소는 표정이나 제스처 등이고, 마지막 정서적 요소는 타인에게 전해지는 호감도, 친근함, 신뢰감, 매너 등과 같은 긍정적인 태도이다.

좋은 이미지를 갖는다는 것은 이러한 요소들의 조화이므로 자신의 이미지 특성을 파악하고 개선점을 찾아 보완하는 노력이 필요하다. 그리고 막연한 노력보다는 자신의 직업과 관련해서 어떠한 이미지 형성이 중요한가를 알고 관리한다면 서비스 이미지 메이킹 형성에 도움이 될 것이다.

그리고 무엇보다 중요한 것은 외적 요소에 치우치기보다 내면의 이미지도 관리하는 것이다.

단적인 예로 항상 부정적이고 공격적인 사람은 그 사람의 인상도 편안하지가 않게 되며 음성적 요소도 부드럽지 않기 때문이다. 그래서 이미지 메이킹은 자신의 마인드와 외적 요소의 긍정적 균형이 바람직하다고 볼 수 있다.

1) 이미지 메이킹의 구성 요소

흔히 이미지 혹은 이미지 메이킹이라고 하면 외적 요소에 대한 변화를 의미한다고 생각할 것이다. 그러나 자신의 표정이나 말투, 습관 등 외적으로 표현되는 것은 자신의 생각이나 마음에서 우러나오는 것으로 긍정적이고 좋은 내적 이미지를 갖추고 있을 때 외적 요소도 호감으로 보일 수 있는 것이다. 이미지 메이킹은 자신을 아름답고 소중한 존재라고 생각하는 것에서부터 시작된다.

외적 이미지는 특정 사람을 떠올릴 때 그 사람의 이름, 직업과 함께 떠오르는 생김새, 표정, 말씨 등과 같이 상대의 형상과 관련된 요인들이다.

개인의 이미지를 구성하는 데는 크게 내적 이미지와 외적 이미지로 나누어 볼 수 있다. 외적 이미지로는 눈으로 보이는 시각적 이미지와 음성을 통한 청각적 이미지 그리고 비언어적 이미지로 구분할 수 있다.

다음에서 외적 이미지를 이루는 요소에 대하여 알아보도록 하자.

(1) 표정

사람의 표정은 대표적인 비언어적 이미지 요소로 사람의 감정 상태를 가장 잘 드러내고 수많은 언어와 다양한 문화의 차이를 극복하게 하는 의사소통이 되는 요소이기도 하다.

사람과의 만남에서 중요한 첫인상을 좌우하는 요소로도 표정이 가장 많이 언급된다. 취업포털 커리어(Career)에서 직장인 454명을 대상으로 실시한 '첫인상 결정 요인' 설문조사 결과 얼굴 표정이 37%, 어투가 27%로 그 뒤를 이었다.

응답에서 말한 '얼굴 표정'은 당연히 밝은 표정을 나타내는 것으로 무표정한 얼굴로 대화한다면 상대에게 자신의 감정을 전달하기 어렵거나 의도하지 않은 오해를 받을 수 있다. 평소에 잘 웃는 사람이라면 걱정할 부분이 아니겠지만 이미지 메이킹의 외적 요소 중 가장 친밀감을 줄 수 있는 기본적 요소가 표정이기 때문에 평소 밝은 마음으로 꾸준한 자기 관리를 통하여 자연스러운 표정을 짓는 사람이 될 수 있도록 해야겠다.

밝고 매력적인 표정은 올라간 입꼬리에서만 나오는 것이 아니라 눈의 표정도 중요하다. 눈 표정이란 또렷한 눈동자, 따뜻한 눈빛 그리고 상대와 자연스럽게 마주하는 시선 처리 등이다. 밝고 생기 있는 눈 표정은 자신감이 있어 보이고 상대에게 호감을 주는 매력 요소가 되기도 한다.

(2) 자세

자세는 그 사람의 기분이나 건강상태를 나타내기도 한다. 보통 기분이 가라앉거나 힘이 들 때는 어깨가 축 늘어지거나 움츠러들고 걸음걸이가 느려지는 등이 그 예이다. 여러 명 혹은 상대방과 대화를 할 때조차 이러한 자세로 응한다면 그 대화의 분위기는 좋지 못하게 될 것이다.

자세는 열린 자세와 닫힌 자세가 있다. 닫힌 자세란 대화 중 팔짱을 끼거나 다리를 꼬고 혹은 가방과 같은 물건을 안고 있는 등의 자세가 그 예이다. 이러한 자세는 상대방에게 친밀감이나 신뢰를 주지 못하는 예로 무의식적으로 이러한 자세를 취하는 습관이 있다면 고치도록 해야 한다.

(3) 커뮤니케이션(의사소통)

커뮤니케이션(Communication)이란 '함께 나눈다'라는 라틴어 Communicare에서 유래한 말로써 단순히 자신의 생각이나 의견을 전달하는 것에 그치지 않고 상호 간의 메시지를 통하여 경험을 함께한다는 의미가 내포되어 있다.

우리는 일상 속에서 다른 사람과 끊임없이 소통하며 살고 있다. 사람은 언어를 통하여 혹은 문자나 표정, 제스처 등 비언어적 수단을 통해 정보나 메시지를 전달하고 오늘날에는 소셜 네트워크를 통해 세계의 불특정 다수의 사람과도 소통한다. 이러한 과정을 통해 서로의 의견이나 지식, 경험, 감정, 태도 등에 영향을 미치고 있으며, 소통을 통하여 낯선 사람과 낯선 환경과의 관계를 넓혀 가고 있다.

커뮤니케이션이란 단순히 소리를 내어 말을 한다는 것에 의미가 있기보다는 어떤 내용으로 어떻게 효과적으로 주고받느냐가 중요하다고 볼 수 있다. 정확한 발음, 적절한 속도 그리고 자기 생각이나 감정을 담아 상대의 공감을 이끌어 낼 수 있는 표현력 등의 요소를 갖추면 효과적이고 호감을 줄 수 있는 커뮤니케이션이 될 것이다. 이러한 커뮤니케이션 스킬은 원만한 대인관계를 이끌어 내는 능력이며 바람직한 사회인으로서 인성을 함양하는 것이라고도 할 수 있다. 커뮤니케이션 스킬은 기술의 일종으로 체계적인 교육을 통해 지속적인 훈련과 연습을 통해 습득될 수 있다.

효과적인 의사소통을 위한 여러 가지 보이스 이미지(Voice Image) 요소에 관하여 알아보자.

① 경청

커뮤니케이션 스킬 중 가장 기본은 상대방이 말하는 내용을 잘 듣고 전달하고자 하는 메시지를 이해하기 위한 경청의 자세이다.

19세기 영국의 총리였던 벤자민 디즈레일리(Benjamin Disraeli)는 "남에게 호감을 얻고자 한다면 단 한 가지만 기억하라. 그것은 상대방의 이야기를 들어주는 것이다."라 하며 경청의 중요성을 강조하였다.

그리고 경청의 중요한 이유 중 하나는 상대의 말에 공감을 해 줌으로써 그 사람의 말에 집중하고 있다는 것을 보여 줄 수 있기 때문이다. 그리고 듣기만 하는 것이 아니라 말하는 상대와 시선을 맞추고 내용에 따라 맞장구를 쳐주는 것이 필요하다. 또한 무엇보다 중요한 것은 상대의 말을 진심으로 이해해 주는 태도이다.

② 말씨

두 번째는 말 하는 태도로써 그 사람의 인품을 나타내는 말씨이다. 정중하고 친절한 말씨는 상대방을 존중한다는 마음을 전하기 때문에 상대방에게도 좋은 인상을 전할 수 있다.

좋은 말씨를 이루는 음성 이미지 요소로는 속도, 장단, 발음, 성량, 억양 등이다.

말의 속도는 이야기하는 사람의 감정이나 성격을 알 수 있게 해 주는 요소로 말이 빠르면 성격이 급하거나 흥분 혹은 불안감을 나타낸다고 할 수 있으며 반대로 느리다면 적극적이지 못하고 둔하다는 느낌을 주게 된다. 그러므로 전달하고 싶은 내용 중 어려운 부분, 숫자나 사람이름 등 강조할 부분은 천천히, 이해하기 쉬운 내용이나 누구나 알고 있는 사실 등 의미에 따라서는 빠르게 말할 수 있도록 한다.

말의 내용을 명확하게 전달할 수 있으려면 적정한 속도 또한 중요하며 적절한 기준은 아나운서의 스피치 기준이기도 한 1분에 300자 정도의 속도로 말하는 것이 효율적이다.

장단은 목소리의 길이로 한 음절을 짧거나 길게 소리 내는 것을 말한다. 한 예로, 똑같은 발음의 '눈'이지만 짧게 발음하면 눈(eye)이 되고, 길게 발음하면 눈(snow)이 된다. 이렇듯 말의 장단에 따라 서로 다른 뜻이 되므로 전하고자 하는 의미의 단어에 있어 장음과 단음을 구별하여 정확하게 발음할 필요가 있다.

상대방에게 자신의 생각이나 감정 등을 정확하게 전달하여 신뢰감을 주고 대화하는 상대의 집중도를 높이는 데 있어서 정확한 발음도 중요한 요소이다.

정확한 발음을 위한 연습으로는 목에 힘을 주지 않으며 호흡을 충분히 하는 것이다. 목소리는 허파에서 배출되는 공기가 성대를 지나 진동시키며 나오는 것으로 충분한 호흡이 필요하며 이를 위하여 복식호흡을 연습하는 것이 효과적이다. 복식호흡이란 일반적으로 가슴으로 하는 흉식 호흡이 아닌 배의 근육

을 이용하는 호흡방식이다.

그리고 적절한 실내 습도 상태에서는 성대의 상태도 좋아지고 습도가 높을수록 발음의 정확성이 좋아진다는 **연구 결과**가 있다. 즉 좋은 음성을 위해서는 성대가 마르지 않도록 해야 하고, 이를 위해서는 자주 물을 마셔주는 것도 방법이라고 하겠다.

김봉현, 조동욱(2012). 음성신호 분석기반의 습도 변화에 따른 성대 기능 분석: 습도가 인체 성대에 미치는 영향에 관한 연구로, 발음의 정확성은 80%의 습도에서 가장 좋으며 습도가 높을수록 향상된다는 연구 결과를 밝혔다.

마지막으로 장소나 대화의 목적에 따라 목소리의 크기인 성량과 높낮이인 억양의 조절이 필요하다.

억양(Intonation, Accent)은 문장에 높낮이 변화를 넣어 말이 지루하게 들리지 않고 정확한 전달을 위한 요소로 필요하다. 대화 중에 숫자, 사람이름, 지역명 등을 말할 때는 조금 더 강세를 두어 말할 때 전달력이 높아지는 것이 그 예이다.

객실승무원은 기내방송에서도 편명, 날짜, 시간 등 중요한 정보가 되는 단어는 한 글자씩 스타카토 리듬으로 또박또박 읽거나 음높이를 달리하여 강조하고 있다.

다음의 기내방송문 예시에 억양을 넣어 연습해 봅시다.

손님 여러분, 안녕하십니까.
여러분의 탑승을 진심으로 환영합니다.
이 비행기는 도쿄를 거쳐 뉴욕까지 가는 ○○항공 081편입니다.
노트북 등 큰 전자기기는 좌석 하단 또는 기내 선반에 보관해 주시기 바랍니다.

'너그럽고 상냥한 태도, 그리고 사랑을 지닌 마음,
이것은 사람의 외모를 아름답게 하는
말할 수 없이 큰 힘이다.'
-파스칼-

2 서비스 이미지 메이킹

서비스는 물적 요소만으로 서비스 질을 높이기에는 어려움이 있으며 인적 요소가 더해질 때 상품의 가치를 높일 수 있다.

대표적인 인적 요소가 바로 서비스 종사자이며 서비스 종사자는 고객을 가장 가까운 곳에서 대하는 사람으로 기업이나 조직을 대표하는 역할이기 때문에 고객의 기대감을 만족시키기 위한 방법 중 하나로 이미지를 관리하는 것 또한 중요하다.

특히 유니폼을 착용한 높은 수준의 대면 서비스일수록 종사자의 이미지와 태도는 더욱 중요하다고 볼 수 있다. 이들은 물리적 환경과 함께 서비스를 전달하는 서비스 현장의 최전방에서 근무하는 사람들로서 단정한 용모, 복장과 바른 자세, 정중한 태도, 고객이 말을 걸 때 주저함이 생기지 않도록 해 주는 따뜻한 미소, 친절한 어투, 정확한 정보 전달 등 서비스 종사자가 갖추어야 하는 이미지 요소는 바로 고객 만족으로 이어질 수 있기 때문이다.

앞서도 밝혔듯 이미지 메이킹은 자신의 마인드와 외적 요소의 긍정적 균형이 바람직하다. 객실승무원의 이미지도 아름다운 내면에서 비롯될 수 있다. 협소한 기내에서 다양한 국적의 남녀노소 고객을 응대하는 직무의 특성상 고객 만족을 위한 노력은 외적 이미지 관리뿐만 아니라 진심에서 우러나오는 친절과 봉사가 필요하기 때문이다.

객실승무원의 친절한 태도는 승객에게 심리적 혹은 감정적 측면에 만족감과 신뢰를 주는 중요한 서비스이며, 이는 항공사서비스품질을 평가하는 요소가 되기도 한다.

1) 표정과 시선

① 보통 웃는다는 표정에서는 입에 치중하기 쉬우나 눈도 웃어야 자연스러운 표정이 된다. 입꼬리만 올려 웃지 않도록 주의한다.

② 고객과 대화 중 눈을 부릅뜨거나 미간을 찌푸리지 않도록 한다.

③ 곁눈질을 하거나 위아래로 훑어보지 않도록 한다.

④ 대화 중 아예 시선을 맞추지 않는 것은 상대에게 불쾌감을 주므로 적절한 시선맞춤이 필요하다.

⑤ 장시간 고객과의 대화 혹은 고객이 질문을 할 때 무표정한 얼굴로 응대하지 않도록 한다.

⑥ 장시간 고객과의 대화 중 시선이 고객의 턱선 아래에서 오래 머무르지 않도록 주의한다.

2) 바른 자세와 태도

① 턱은 살짝 안으로 당기며 가슴과 어깨를 펴고 허리를 세운다.

② 공수 혹은 차렷 자세에서 좌우 어깨의 높이가 맞는지 살펴본다.

③ 뒷짐이나 팔짱을 끼지 않는다.

④ 고객에게 인사를 할 때는 고개만 숙이지 않고 허리부터 숙이며 인사말과 함께한다.

⑤ 고객이 악수를 청할 때는 고객의 눈을 보며 미소를 짓고 손을 가볍게 쥐도록 한다. 손끝을 잡거나 지나치게 힘을 주지 않도록 주의한다.

⑥ 유니폼을 입고 근무 중에는 동료 간 큰 소리로 웃거나 대화하지 않도록 한다.

⑦ 고객이 명함을 건넬 때는 두 손으로 공손히 받고 명함의 이름과 소속이나 직함을 확인한다. 명함을 받고 대화가 길어진다면 대화 중 상대를 호칭할 때 이름과 직함을 불러드리는 것이 좋다. 받은 명함은 명함케이스나 지갑 등에 넣으며 손에 꼭 쥐어 구겨지지 않도록 한다.

⑧ 고객에게 방향을 안내할 때에는 삼점법에 유의하며 손가락을 가지런히 모으고 안내할 곳을 가리킨다. 삼점법이란 장소나 사물을 가리킬 때 1) 고객의 눈을 보고, 2) 지시방향을 가리키고, 3) 다시 고객의 눈을 맞추는 것을 의미한다.

지시의 거리감은 먼 곳은 팔을 쭉 뻗고 가까운 곳은 좁게 하여 나타내면 되고, 오른쪽을 가리킬 때는 오른손을 왼쪽을 가리킬 때는 왼손을 사용한다.

기내에서는 가능한 한 좌석, 화장실 등 고객이 원하는 장소까지 안내해 드리는 것이 좋겠다.

⑨ 기내는 협소하므로 지나치게 서두르거나 큰 동작을 하지 않도록 주의한다.

⑩ 서비스 기물을 다룰 때에는 승객에게 소음이 되지 않도록 조심히 한다.

⑪ 기내 안에서는 급한 용무라 하더라도 뛰지 않는다.

⑫ 좁은 기내 통로나 화장실 주변에서 고객과 부딪히지 않도록 주의하며, 부딪혔을 때는 반드시 사과한다.

⑬ 기내 선반을 여닫고 난 후에는 블라우스가 스커트 밖으로 빠져나오지는 않았는지 용모와 복장 점검을 다시 한다.

⑭ 의자 혹은 승무원 좌석(Jump Seat)에 앉을 때는 두 다리를 나란히 붙이고, 다리는 일직선 혹은 사선으로 뻗는다. 두 손은 치마를 가볍게 누르며 포개어 올려놓는다. 남승무원의 경우 두 손은 달걀을 쥐듯 주먹을 가볍게 쥐고 무릎 위에 올려놓는다.

⑮ 기내 통로나 화장실 주변, Upper Deck 계단 등에서 승객과 마주칠 때는 가볍게 목례한다. 목례(目禮)는 상체를 15° 정도 숙이며 눈짓으로 나누는 간단한 인사로 좁은 장소에서 상대에게 건넬 수 있는 인사법으로 미소와 함께 고객의 눈을 마주치도록 한다.

⑯ 승객과 함께 계단을 오를 때는 승객의 뒤에서, 반대로 내려갈 때는 앞에 위치한다. 그러나 좌석 안내 등을 위해 승객을 안내할 때는 앞서서 걷도록 한다.

⑰ 승객에게 물건을 건넬 때는 물건의 크기와 상관없이 두 손으로 공손히 한다. 알약 등 크기가 작은 것은 냅킨에 받쳐서 건네고, 물건을 주고받을 때도 항상 시선을 고객에게 응시하며 미소를 잊지 않도록 한다.

⑱ 갤리(Galley) 커튼을 열고 닫을 때는 조용히 조심스럽게 하여 주변 승객에게 소음이 되지 않도록 한다.

⑲ 전화로 응대 시 얼굴이 보이지 않는다고 무표정으로 대화하지 않도록 한다. 목소리에도 표정이 있다. 웃지 않는 얼굴에서는 무뚝뚝한 어투가 나오기 마련이다. 전화 응대 시에도 웃으며 밝은 톤으로 받도록 노력한다.

⑳ 업무 처리 후에는

"더 필요하신 사항은 없으십니까?"

"더 궁금하신 점은 없으십니까?"

"빗길에 조심해서 가시기 바랍니다."

"여행은 즐거우셨습니까?"

등의 친절하고 세심한 마무리 인사가 좋다.

3) 효과적인 서비스 커뮤니케이션

의사소통(Communication)의 뜻은 '상호 공통점을 나누어 갖는다'라는 라틴어 Communis에서 나온 말로, 의사소통 능력이란 직장 내 업무를 수행함에 있어서 글과 말을 통해 상대방의 뜻하는 의도를 바르게 파악하며, 또한 자기가 뜻한 바를 글과 말을 통해 정확하게 작성하거나 말할 수 있는 능력을 의미한다.

의사소통은 상호이해의 과정으로써 중요한 능력이다. 이러한 의사소통 능력은 문서적 측면과 언어적 측면으로 구분할 수 있고 문서적 측면은 문서이해 능력과 문서 작성 능력으로 나뉠 수 있다.

> 비즈니스 메모: 업무상 필요한 중요한 일이나 계획해야 하는 일 등을 작성하여 전달하는 글로써 전화 메모, 회의 메모, 업무 메모 등이 해당된다.

문서를 통한 의사소통은 **비즈니스 메모**, 주문서, 예산서, 기획서, 다른 회사와의 협력을 위한 공문 등 여러 상황에서 요구된다. 이를 위해서는 업무와 관련된 구체적 정보를 획득하고 문서의 핵심을 이해하는 능력을 필요로 한다.

언어를 통한 의사소통은 가장 오래된 방법으로 자신의 의사를 목적과 상황에 맞게 표현하는 능력이 필요하며, 원활한 의사소통을 위해서는 상대방 이야기를 집중하여 듣는 경청 자세가 중요하다.

정확한 전달력과 보존성이 높은 문서적 의사소통에 비하면 다소 정확성이 떨어지기 쉬우나 대화를 통해 상대의 반응이나 감정을 살필 수 있고 이에 따른 대처를 할 수 있다는 특징이 있다.

다음에서 제시하는 언어적 소통에 유의하여 효과적인 서비스 커뮤니케이션이 될 수 있도록 해 보자.

(1) 경청의 자세로 듣는다

의사소통은 내가 상대방에게 일방적으로 내용을 전달하는 과정이 아니라 상대방과의 상호작용을 통해 메시지를 다루는 과정이다. 따라서 성공적인 의사소통의 기본 자세는 내가 가진 정보를 상대방이 이해하기 쉽게 표현하는 것과 더불어 상대방이 어떻게 받아들일 것인가에 대한 경청의 태도가 바탕이 되어야 한다.

성실한 마음으로 상대방을 공감하고 이해하려는 공감의 자세는 상대방과의 솔직한 의사소통과 긍정적인 감정의 교류가 가능하도록 도와준다.

이러한 경청은 적극적 경청과 소극적 경청으로 나눌 수 있다.

적극적 경청이란 상대방의 이야기 중 이해가 안 되는 부분을 질문하거나 자신이 이해한 내용을 확인하며 상대의 말과 감정에 공감하여 상대방의 이야기에 집중하고 있음을 행동을 통해 외적으로 표현하며 듣는 것을 말한다.

소극적 경청이란 상대방이 하는 말을 중간에 자르거나 다른 화제로 돌리는 등 상대방의 말에 특별한 반응을 표현하지 않고 수동적으로 듣는 것을 말한다.

화가 나 있거나 불만(컴플레인)을 하는 고객과의 대화에서는 되도록 고객의 말을 끝까지 경청하며 어떤 부분에서 화가 나셨는지, 고객이 잘못 알고 있는 부분은 무엇인지를 기억하며 고객의 이야기에 공감되는 부분에 대해서는 "매우 힘드셨겠습니다.", "네~ 고객님 말씀이 맞습니다." 등 고객의 감정을 수용하는 자세의 적극적 경청이 필요하다. 고객은 자신의 이야기를 듣는 데서 그치는 것이 아니라 자신이 처한 상황 그 자체를 상대방이 마음으로 공감하고 이해해 주기를 진심으로 바라기 때문이다.

(2) 정확한 발음으로 밝게, 완전한 문장으로 말하도록 한다

정확한 의사전달을 위해서는 정확한 발음으로, 친절하다는 느낌을 전하고 싶다면 밝은 톤으로 대화하는 것이 좋다. 말은 음성적 요소이지만 웃는 얼굴로 말을 하면 목소리도 상냥하게 들린다. 한 국내 항공사의 예약 사무실에는 책상에 거울을 비치해 놓고 자신의 미소 띤 표정을 확인하며 고객의 전화를 받는다고 한다.

그리고 바쁜 업무로 고객과 대화 시 무의식적으로 반말 투의 말로 응대하는 경우가 있다. 그러나 고객에게는 반드시 완전한 문장으로 답변하는 것이 올바른 자세이다.

한 예로, "음료는 어떤 것으로 하시겠습니까? 오렌지 주스? ……."와 같은 경우이다.

올바른 서비스 화법은 "음료는 어떤 것으로 하시겠습니까? 오렌지 주스 괜찮으십니까?"로 할 수 있다.

(3) 적당한 속도로 말한다

말의 속도가 빠르면 정확하게 이해하기 어렵고 너무 느리면 답답한 느낌을 준다. 그러나 누구나 알고 있는 사실이거나 고객이 알고 있는 내용을 전할 때는 조금 빠르게, 강조해야 하는 내용은 조금 천천히 말하는 것이 효과적이다.

(4) 사람 이름, 숫자, 나라 이름, 지역 이름, 외국어 등을 말할 때는 천천히 전하도록 한다

상대방과의 대화 중 중요하거나 강조되어야 하는 단어나 내용이 있는 경우 핵심 단어에는 강세를 두고 원래 속도보다 약간 천천히 말하며 1초 정도의 여유를 두어 고객이 그 내용을 받아들일 시간적 여유를 준다.

한 예로, "고객님 문의를 도와드릴 전화번호 안내해드리겠습니다. 1234-1234이고 담당자는 김대한 입니다."의 내용을 쉬지 않고 빠르게 말한다면 고객은 정확하게 전달받기 어려울 수도 있다. 연락처의 숫자는 또박또박 천천히 말하고, 연락처 이후 1초 정도의 여유를 두고 담당자의 이름을 말하며, 이때에 '김대안'으로 들리지 않도록 명확하게 발음한다.

(5) 고객과 논쟁거리가 되는 대화 소재는 피하도록 한다.

(6) 고객에게 불확실한 약속이나 말을 건네지 않도록 주의한다.

(7) "안 됩니다!", "할 수 없습니다." 등의 단호한 부정적 표현보다 "어려울 것 같습니다.", "곤란할 것 같습니다." 등의 우회적 표현을 사용한다.

(8) 청유형의 어법을 사용한다

"실례합니다만~", "죄송합니다만~", "양해해 주신다면~", "번거로우시겠지만~", "괜찮으시다면~" 등의 쿠션 용어 사용과 "~해 주시겠습니까?" 등의 청유형을 사용하면 정중한 화법이 될 수 있다.

고객에게 부탁을 할 때나 상대의 부탁을 거절할 경우 상대방의 기분을 상하지 않게 전하는 방법 중 하나가 이러한 쿠션 용어를 사용하는 것이다. 쿠션 용어는 객실승무원이 기내에서 고객에게 무엇인가를 물어보거나 부탁을 할 때 많이 사용하는 용어이다.

한 예로, 좌석을 찾지 못하는 고객이나 좌석에 잘못 앉으신 고객에게 양해를 구할 때 "고객님~ 탑승권 확인하겠습니다."라고 본론을 이야기하기보다 "실례합니다만 고객님~ 탑승권 확인 도와드리겠습니다."라는 쿠션 용어 사용이 일반적이다.

(9) "~습니다", "~입니다", "~니까?" 등의 경어체를 사용하도록 한다.

(10) 고객과는 정치, 경제, 종교 등 민감할 수 있는 대화 주제는 되도록 삼간다.

(11) 개방적 화법을 사용한다

고객의 생각이나 감정을 알고 싶을 때는 '네' 혹은 '아니오'와 같은 폐쇄적 단답형이 나오게 하는 것보다 좀 더 자세한 답변을 유도할 수 있는 개방적

화법을 사용하는 것이 좋다. 예로,

"식사 맛있게 드셨습니까?"라고 묻기보다는 "식사는 어떠셨습니까?"

"고객님, 도와드릴까요?"보다는 "고객님, 무엇을 도와드릴까요?" 등의 질문이다.

(12) 잘못된 존칭을 사용하지 않도록 주의한다

우리가 흔히 무의식적으로 할 수 있는 잘못된 높임말의 예는 다음과 같이 사물에 존칭을 사용하는 경우이다.

- "고객님, 이 짐은 기내에 가지고 가시기에 조금 *크십니다*."
- "할인되는 항공요금은 *7만 3천 원이십니다*."
- "실례합니다, 주문하신 *커피이십니다*."
- "죄송합니다만 오늘 빈 좌석이 *없으십니다*."

(13) 고객과 대화 시 전문적인 용어나 어려운 용어 사용은 되도록 지양한다

다음에서 밑줄 친 용어를 고객이 이해하기 쉬운 표현으로 바꾸어 보자.

- "손님 짐은 오버헤드빈(Overhead Bin)에 넣어드리겠습니다."
- "손님, 지금 Taxiing 중입니다. 화장실은 나중에 이용하시겠습니까."
- "기내가 어두우면 Reading Light 켜드리겠습니다."
- "여기 Jump Seat 주변에 짐을 놓으시면 안 됩니다."

(14) 책임을 회피하거나 고객의 잘못을 지적하지 않는다

- "이건 저희 담당이 아닙니다. 도착하셔서 지상직원에게 물어보세요."
- "저희 잘못이 아닌데 왜 저한테 그러세요!"
- "그건 고객님이 잘못 알고 계신 겁니다."

(15) 반문을 할 때는 정중하게 물어본다

고객의 말을 제대로 이해하지 못해 반문을 해야 할 때는 "제가 잘 듣지 못했습니다. 다시 한번 말씀해 주시겠습니까?"라고 정중히 묻는다.

간혹 "네?"라고 반문하는 경우가 있는데 이런 경우 예의가 없어 보일 수 있으며 더 나아가 날카롭게 끝을 올려 "네?"라고 했을 때 상대에게 "당신 지금 뭐라고 했어?", "목소리가 왜 그렇게 작아?" 등등 부정적 뉘앙스로 보일 수 있다. 이렇게 상대방이 잘못한 듯 책임을 묻는 느낌 표현은 'You Message'라고 하는데 이러한 표현보다는 "제가 잘 듣지 못했습니다. 다시 한번 말씀해 주시겠습니까?"처럼 자신의 잘못으로 표현하는 'I Message' 화법이 공손한 태도로 보이게 된다.

WorkSheet

Q. 화법으로 인한 에피소드를 통하여 긍정적 소통의 중요성을 알아봅시다.

자신의 잘못된 화법으로 인한 에피소드의 내용과 그 결과	상대방의 잘못된 화법으로 인한 에피소드의 내용과 그 결과

.... MEMO ....

항공사서비스 롤 플레이

CHAPTER 02

고객 이해

CHAPTER 02

고객 이해

1 고객 특성

1) 고객의 개념과 특성

고객의 사전적 의미로는 '상점에 물건을 사러 오는 사람' 혹은 '단골손님'이라 명시되어 있다. 이러한 고객의 개념은 시대에 따라 많은 변화를 갖는다. 과거의 고객 개념은 기업이 제공하는 제품이나 서비스를 소비하는 단순한 수요자였던 반면에, 소득수준과 지적수준의 향상 그리고 다양한 정보를 쉽게 접할 수 있는 시대에 살고 있는 오늘날의 고객은 기업의 이미지와 수익에 영향을 미치는 중요한 존재라고 할 수 있다. 이러한 고객은 더 나은 제품이나 서비스를 찾아 움직이기 때문에 기업은 끊임없이 고객 성향과 고객 요구에 맞출 수 있도록 노력해야 한다.

고객은 자신의 구매 혹은 이용 목적과 기대에 맞는 경험가치를 얻었다고 생각하면 만족하게 되어 다시 찾게 되고, 그러한 과정의 반복은 고정 고객이 되며 기업은 이로 인하여 수익이 증가하게 된다. 또한 만족한 고객은 주변 사람들에게도 구매 혹은 이용을 추천하는 구전홍보의 역할을 하기도 한다. 일명 '입소문'으로 자신의 경험을 전하는 것이다.

구전홍보는 소비자의 입에서 입으로 전해지는 소비자 행동 패턴의 유형으로 WOM(Words of Mouth), 버즈 마케팅(Buzz Marketing), 또는 바이럴 마케팅(Viral Marketing)이라고 한다.
구전홍보는 온라인 홍보와 오프라인 홍보로 나눌 수 있다.

이러한 **구전홍보**는 고객 만족에서만 발생하지는 않는다. 불만족한 고객의 경우에도 가족, 친구, 이웃 등에 자신의 경험을 전하는데, 그에 따른 파급력은 무시하지 못하는 수준이 되기도 한다. 고객은 일반적으로 제품을 사용한 경험이 있는 실제 소비자들을 기업보다 더 신뢰할 수 있는 정보원으로 여기는 특성이 있기 때문이다.

반면에 불만고객의 경우, 기업에 직접 불만을 제기하거나 부정적인 구전 전달을 하고, 아니면 무반응 등으로 표출한다. 고객 불만의 원인은 다양하지만 크게 상품의 문제, 서비스의 문제로 분류할 수 있다. 오늘날 고객은 소비자 권익이 보호되는 제도와 다양하고 글로벌한 정보에 대한 접근이 용이해지면서 고객 불만은 일시적인 불평이 아닌 법적인 문제로 제기되기도 한다.

이러한 고객의 특성을 정리해 보면 고객의 유형은 다양하며 의사결정의 주체이므로 권리주장이 강하고 유동적이다. 그리고 기업의 응대에 따라 충성고객이 될 수도 있고 적대적 고객이 될 수도 있다. 특히 오늘날의 고객은 정보의 접근 용이성으로 서비스에 대한 기대수준이 높은 편이다.

'서비스에 만족한 고객이
자발적으로 퍼뜨리는 말 이상으로
신뢰받는 광고는 없다.'
-버드 바게트-

2) 고객심리

(1) 환영기대 심리

환영기대 심리는 고객의 입장이 아니어도 사람이라면 누구나 자기를 기억하고 알아보면 좋아할 것이다. 특히 서비스를 이용하는 고객은 **처음 만나는 접점**의 직원의 태도에 의해 자신이 환영받는다 혹은 환영받지 못한다라는 이미지 형성이 되고, 이것은 고객 만족이나 불만족으로 이어질 수 있다. 직원의 환한 미소와 상냥한 태도는 환영받는다는 느낌을 줄 것이다.

MOT: 서비스를 성공적으로 제공할 수 있는지의 여부는 서비스 전달 과정에 참여하는 서비스 제공자와 고객이 서로 대면(접촉)하는 순간에 좌우되는 경우가 많은데, 이 접촉하는 과정이나 상황을 서비스 접점, MOT(Moment of Truth, 진실의 순간)이라 하며, MOT는 서비스 차별화, 품질통제, 전달시스템, 고객 만족에 영향을 미친다. 서비스 제공에 있어 고객 만족은 서비스 제공자와의 접점 품질에 의해 결정된다.
SAS(스칸디나비아 항공사)의 얀 칼슨 회장이 고객접점의 중요성을 강조하기 위해 사용하면서 알려졌다.

(2) 독점 심리

자신에게만 특별히 관심을 가져주고 제공되는 모든 서비스를 독점하고 싶어하는 심리이다. 그러나 고객 개개인의 이러한 심리를 충족시키고자 하면 동일한 서비스를 제공받지 못하는 다른 고객의 불만이 생길 수 있으므로 모든 고객에게 평등히 응대할 수 있는 주의가 필요하다.

(3) 우월 심리

비용을 지불하는 고객은 서비스를 제공하는 직원보다 우월하다는 심리를 가지고 있다. 이러한 고객의 근본적인 심리를 이해하지 못하거나 무시할 때 고객과의 다툼이나 고객 불만이 생길 수 있으므로 겸손한 태도로 대하는 자세가 필요하다.

(4) 모방 심리

사람은 다른 사람을 닮고 싶어 하는 경향이 있다. 직원이 정중한 태도와 상냥한 말로 응대하면 고객도 그에 상응하는 태도를 보이게 된다. 반대의 경우로 퉁명스럽고 불친절하게 고객을 대하게 되면 고객도 같은 행동을 할 수 있다는 것을 기억하자.

기내에서도 객실승무원이 다른 고객과 친절한 대화를 나누었다면 그것을 지켜본 다른 고객도 같은 태도로 승무원을 대하는 경향이 있으므로 이러한 모방심리를 잘 이용하면 효율적인 서비스를 할 수 있다.

(5) 보상 심리

고객은 적어도 자신이 지불한 비용만큼 혹은 그 이상의 서비스를 제공받고 싶어 한다. 한 예로, 몇 천 원 값의 식사를 하는 분식집에서 고가의 호텔 레스토랑 서비스를 바라지는 않을 것이다. 즉, 고객은 고가의 지불을 할수록 고객의 욕구가 더 높아지는 것이다. 또한 다른 고객과 비교하여 자신이 낮은 서비스를 제공받는다고 느끼면 손해를 본다고 여겨지기 때문에 같은 조건의 서비스 시에는 고객들 간 차별화가 생기지 않도록 주의해야 한다.

(6) 자기 본위적 심리

고객 개개인은 서로 다른 가치관과 생각의 기준을 가지고 있다. 따라서 어떠한 상황에 직면했을 때 고객 자신의 가치 기준으로 상황 판단을 하려고 한다. 그러므로 기업 입장을 내세우기보다 항상 고객의 말을 존중하며 경청하도록 하는 것이 바람직하다.

2 고객 만족

1) 고객 만족의 중요성

고객 만족(Customer Satisfaction)이란 제품이나 서비스 경험 후 고객이 충족하고 자신이 만족할 만한 정도에서 제공되었는지에 대한 판단이다. 그러므로 고객 만족은 사전 기대 정도와 실제로 받은 서비스질의 수준에 따라 달라지고 기대가 커질수록 서비스 결과의 만족과 불만의 강도 또한 달라진다고 볼 수 있다.

따라서 기업은 소비자에게 제공하는 상품이나 서비스에 대해 만족시키지 않고서는 존재가치가 상실되므로 고객 만족은 모든 기업이 추구하고 있는 궁극적인 목적이며 마케팅의 핵심으로 고객지향적 기업이 되도록 노력할 필요가 있다.

고객지향적 기업이 되기 위해서는 고객 만족 수준을 조사하여 개선목표를 설정하고, 고객의 입장에서 평가하고 이것을 수치화해서 경영의 지표로 삼아 지속적 개선활동을 전개하며 고객 만족 서비스에 집중해야 한다.

고객 만족서비스는 자사의 제품이나 서비스를 다른 기업과 구별 짓고 고객의 신뢰를 유지하며 판매 혹은 이용을 증가시켜 수익을 향상시키는 수단이 된다.

이러한 고객 만족을 위해서는 다양한 채널을 통한 VOC(Voice of Customer)의 수집과 그에 따른 개선이 필요하고 만족 요소를 파악하여 서비스를 향상시킬 필요가 있다.

고객 개개인의 욕구와 특성이 다른 상황에서 모든 고객을 만족시키는 완벽한 서비스는 불가능하다고 보여진다. 그러나 고객서비스를 어떻게 관리하느냐에 따라 기업의 지속성장은 달라질 것이다.

2) 고객서비스

고객서비스란 다양한 고객의 요구를 파악하여 양질의 서비스를 제공하는 것을 말한다. 고객서비스를 통하여 기업 성장을 이루기 위해서는 우선 우수한 품질의 서비스를 제공하여 고객감동을 이끌어내고 이를 통해 고객충성도를 높이는 것이다.

이러한 고객서비스에서 고객에 대한 직원의 태도는 매우 중요한 요소이다. 대부분의 고객들은 기업의 품질이나 서비스에 대한 만족감과 동시에 직원의 친절, 인상 등 태도에 대한 평가를 많이 하기 때문이다.

고객중심 기업의 일반적 특성을 보면 고객이 정보, 제품, 서비스 등에 쉽게 접근할 수 있도록 하며 전반적 관리시스템이 고객서비스 업무를 지원하고 실행한 서비스에 대해 계속적인 재평가를 실시함으로써 고객에게 양질의 서비스를 제공하도록 노력한다는 것이다.

그러나 더욱 중요한 것은 이렇듯 외부 고객 만족뿐만 아니라 내부 고객 만족에도 노력한다는 것이다.

내부 고객이란 기업의 직원 및 서비스 제공자를 의미한다. 기업은 고객과의 관계 구축 외에도 직원과의 관계 또한 돈독하게 구축할 필요성이 있다고 보인다. 또한 고객서비스의 개념을 통해 우리가 중요하게 생각할 것은 기업의 제품 및 서비스를 이용하는 고객 만족은 매우 중요하지만 고객서비스를 수행하는 직원과 고객 간의 상황은 사람과의 관계성이므로 이러한 과정에서 발생할 수 있는 서비스 제공자의 직무 스트레스 관리에도 노력해야 한다는 것이다.

3 불만고객

> 소비자정책연구의 2019 정책연구보고서에 의하면 소비자 불만 및 피해에 대한 불만을 제기한 경로에 '사업자에 직접 제기'가 57.3%, '친구 혹은 가족에게 불만 제기'가 27.0% 순으로 나타난 반면, 아무런 문제 제기를 하지 않은 경우가 13.8%로 나타났다.

서비스품질 향상을 위하여 다양한 노력을 하더라도 기대에 부합한 서비스를 받지 못한 고객은 불만족하게 된다. 이렇게 서비스가 고객의 기대를 충족시키지 못한 것을 '서비스 실패'라고 한다. **서비스 실패**를 경험한 고객은 기업에 직접 불만을 제기할 수도 있고 말없이 지나칠 수도 있다.

불편이나 불만을 제기하는 고객에게는 서비스 회복 활동을 통해 불만 내용을 신속하게 해결해 줌으로써 계속 고객으로 남을 가능성이 높다. 반면, 불만을 제기하지 않는 고객의 경우, 불만사항이 무엇인지 알 수 없기 때문에 기업

측에서는 불만을 해결할 기회를 가질 수 없고 고객을 잃게 되는 위험성이 크므로 고객 불만이 접수되지 않았다는 것에 안일하게 대처해서는 안 될 것이다.

1) 불만고객 응대

불만고객(Customer Complaint)은 자신이 겪은 불만 사항에 대하여 다른 사람들에게 전파하며 불만족 고객의 80%가 거래를 중단한다고 한다. 반면에 불만사항이 만족스럽게 해결되면 70% 이상 다시 거래하게 되며, 게다가 신속하게 해결되기만 하면 반복 구매율이 95%까지 증가하여 이들은 단골고객이 되기도 한다.

이렇듯 고객의 소리에 귀를 기울여 경청하고 불편사항을 개선하면 다시 기업의 고객으로 전환시킬 수 있으며, 더 나아가 문제해결능력에 충성고객으로 만들 수 있다는 점에서 고객 불만 해결 과정을 제대로 이해하고 수행하는 것은 고객서비스를 향상시키는 데 있어 매우 중요하다고 볼 수 있다. 기업에서도 이러한 사실을 인지하고 시스템을 구축하여 고객 불만을 최소화하기 위하여 노력하고 있으며 불만고객 응대 프로세스도 갖추어 직원 교육에 힘쓰고 있다.

고객이 불만을 갖게 되는 계기의 대부분은 표정, 말투, 혹은 미숙한 문제해결능력 등 직원의 잘못된 태도에서 시작되는 경우이다.

고객 불만 해결을 위한 여러 가지 기술적인 응대법과 프로세스가 있겠으나 가장 기본적인 응대방법에 대해 알아보자.

(1) 사과와 경청

고객의 불만사항을 끝까지 경청한다. 경청은 상대의 감정을 이해하며 이야기를 집중하여 듣는 것이다. 고객에 대하여 선입관을 가지지 않고 이야기를 들으며 문제점에 대해 인정하고 잘못된 부분에 대해 정중히 사과한다. 고객 불만 제기 시 경청이 중요한 이유는 고객이 무엇 때문에 불편 혹은 불쾌감이 생겼는지 알아내야 하기 때문이다. 이때 고객의 말 중간에 자신이 생각하는 의견을 주장하는 등 말을 끊지 않아야 한다.

(2) 공감

불만사항을 잘 경청하고 나서 사과를 드린 후에는 고객이 진정할 수 있는 짧은 시간을 주는 것이다. 일부러 시간을 내서 해결의 기회를 준 것에 감사를 표하고 고객이 불만을 느낀 상황에 대해 관심과 공감을 보인다. 이때 고객이 서 있거나 너무 개방된 장소에서 대화를 시작했다면 자리에 앉으시길 권하며, 필요에 따라 차분하게 이야기를 나눌 수 있는 조용한 장소로 옮겨 커피나 음료를 권하며 분위기를 전환시키는 것도 도움이 된다.

(3) 신속한 문제해결

불만족 부분을 정확하게 해결하기 위하여 경청한 내용 중 고객 불만 사항이나 필요정보를 고객에게 되물어본다. 필요 시 상급자나 관계자가 동석하여 더욱 신속하고 정확하게 처리하면 도움이 될 수 있다.

(4) 사후관리

불만을 제기한 사항을 신속히 처리하고 그 부분에 대하여 재차 사과하며 결과에 관한 만족도 혹은 다른 불편 사항을 확인한다.

2) 고객 특성별 응대

불만고객이란 서비스 제공자(기업)를 상대로 불만을 표현하고 해결을 요구하는 고객을 말한다. 불만을 느끼는 고객의 특징은 감성적이고 자기중심적이라는 것이다. 그래서 불만고객 응대가 어려운 이유이다. 하지만 문제를 해결하고 개선할 기회를 주는 불만표출 고객이 오히려 감사하다는 마음으로 해결책을 찾는 것이 도움이 될 것이다. 불만을 밖으로 표출하는 고객은 100명 중에서 4명밖에 되지 않고, 나머지 불만을 품은 96명은 소리 없이 떠나가기 때문이다.

(1) 권위적인 고객

권위적이고 거만한 유형의 고객은 자신이 타인보다 우월하다 생각하며 과시적으로 자신이 가진 지식이나 능력, 사회적 지위 등을 드러내고 싶어 하는 유형으로 자기확신이 강하고 권위적인 태도를 보인다.

이러한 유형의 고객은 과시욕이 충족될 수 있도록 "고객님께서 정확히 알고 계시네요." 등의 수긍과 고객의 말에 인정해 주며 정중하게 대하도록 하되 간단 명료하게 말한다.

문제해결을 위한 방법에 대해 정확한 근거나 자료를 활용하여 응대하는 것이 좋다.

(2) 의심 많은 고객

의심형은 직원의 설명이나 제품의 품질에 대해 의심이 많으며, 확신 있는 말이 아니면 잘 믿지 않으려 하고 요점을 정확하게 말하지 않는 성향도 있다.

이러한 유형의 고객에게는 분명한 증거나 근거를 제시하여 고객 스스로 확신을 갖도록 유도한다.

(3) 트집 잡는 고객

트집형은 사소한 것으로 트집을 잡고 불만불평이 많은 까다로운 고객 유형을 의미한다.

이러한 유형은 고객의 말이나 공격에 동요하지 말고 침착하게 고객의 이야기를 경청하며 "고객님 말씀 충분히 이해합니다. 불편하신 사항이 ○ ○ ○ 이신 것 맞으십니까?" 등 고객의 말에 공감하며 요약하여 확인한다. 대화 중 말꼬리를 잡아 불만을 표현할 수도 있으니 고객과 논쟁하지 않도록 주의하여 성의 있는 태도로 정확한 문제해결 방안을 제시하여 신속히 처리하도록 한다.

(4) 재촉하는 고객

재촉형은 매사에 빨리빨리 하기를 원하는 유형으로 특히 일처리가 늦어지는 것에 대해 불만을 갖는다. 이러한 유형의 고객은 성격이 급한 경우이므로 모든 일에 신속히 행동하고 불만상황을 빨리 처리해드리는 모습으로 응대하도록 한다.

'회사 내의 모든 사람이 고객의 말을 경청해야 한다.
승리는 가장 열심히 경청하고 대응하는 자들에게 돌아갈 것이다.'
-톰 피터스-

WorkSheet

자신이 경험한 고객 불만에 관하여 이야기하며 고객특성을 이해합시다.

Q1. 자신이 불만을 해 본 적이 있나요?

- 무엇 때문이었는지 그리고 어떻게 문제해결이 되었는지 이야기 나누어 봅시다.

Q2. 자신이 불만을 받아본 적이 있나요?

• 어떤 고객 유형이었나요?

• 무엇 때문이었는지 그리고 어떻게 문제해결을 하였는지 이야기 나누어 봅시다.

항공사서비스 롤 플레이

CHAPTER 03

항공사 서비스 이해

CHAPTER 03

항공사서비스 이해

1 객실서비스 개념과 특성

1) 객실서비스의 개념

항공운송서비스(Air Transportation)는 승객이 비행기를 이용하기 전인 예약 및 발권부터 비행 중 그리고 목적지 도착 후까지 전 과정에 걸친 총체적 서비스를 제공하는 것이다. 이러한 항공운송서비스의 여러 특성 중 가장 큰 특성은 무형성과 소멸성이라고 할 수 있다. 즉, 여행객은 예약 및 발권을 통해 항공료를 지불하지만 그 구매의 결과물이 우리가 일반적으로 만져볼 수 있는 상품처럼 물질적인 형태로 접하기 어려운 것이다. 이처럼 항공운송서비스의 핵심은 운송(Transportation)이라는 무형성이며, 승객은 항공기에 탑승하는 순간부터 서비스품질을 인지할 수 있는 '유형의 서비스'를 접하게 된다.

그리고 항공운송서비스는 저장이 불가하여 해당 비행편의 좌석을 모두 판매하지 못한 경우 일반 제품처럼 재고로 남아 다시 판매할 기회를 얻지 못하는 한시적 속성이 있어 소멸성이란 특성이 있다.

이러한 항공운송서비스는 크게 운송서비스와 대고객서비스로 구분한다. 운송서비스란 항공기 운항, 정비와 지상조업 등 승객이 안전하게 목적지까지 이동할 수 있도록 그 과정에 관련된 업무를 의미하며, 대고객서비스는 예약 및 발권, 운송, 기내업무 등으로 구성된다.

객실서비스란 기내업무의 하나로써 목적지 도착 때까지 비행 중 기내에서 제공되는 유형 및 무형의 항공 서비스이다. 객실서비스는 항공기 탑승 이후 객실승무원에 의해 제공되는 서비스로 기내 서비스 품질에 따라 고객이 항공사를 선택하는 데 우선적으로 고려하게 되는 요인이다. 이는 승객이 항공사를 이용하는 전체 과정 중 기내에서의 시간이 가장 길어 고객은 기내서비스를 통하여 해당 항공사에 대한 이미지가 형성되고 고객 만족에도 큰 영향을 미치기 때문이다.

반면 지상 서비스와는 달리 좁고 한정된 공간과 하늘이라는 특수한 물리적 환경으로 인해 높은 서비스 품질 평가를 받기에 어려움이 있다. 그러므로 최신 항공기, 쾌적한 기내 환경, 질 좋은 기내 식음료 등의 물적 요소와 함께 객실승무원의 인적 서비스 요소가 매우 중요하다.

이러한 기내 서비스는 기내에서만 이루어진다는 규모의 한정성, 이용과 동시에 소비가 되며 재판매가 어렵다는 소멸성, 그리고 눈으로 확인되지 않고 승객이 직접 경험하며 품질은 주관적으로 평가하게 되는 무형성이라는 특징을 갖는다.

항공사는 고객 만족을 위한 품질 높은 서비스로 경쟁력을 강화하고자 하는데 이러한 노력에도 불구하고 승객의 불만은 다양한 요소로 발생한다. 그 중 고객이 불쾌하게 느끼는 것은 직원의 태도에 의한 것으로 나타난다. 여행 중 경험하는 불편은 다소 참을 수 있는 요인이지만 불쾌한 경험은 오랜 시간 동안 잊혀지지 않고 해당 항공사 이용을 기피하는 요인으로 작용할 것이다.

이는 물적 서비스와 인적 서비스의 균형이 중요하며, 특히 직원의 친절하고 세심한 태도의 인적 서비스의 중요성을 보여주고 있다.

2) 객실서비스의 특성

객실서비스의 가장 큰 특징은 고도(Altitude)의 항공기 기내라는 공간적인 제한과 정해진 비행시간 내에 서비스해야 하는 시간적 제한이 있는 업무라는 것이다. 또한, 항공운송서비스 과정 중 한정된 공간에서 고객과 가장 긴 시간 동안 근접하여 서비스를 제공하는 업무로 고객 만족에 미치는 영향이 크다는 특징이 있다. 이 과정에서 객실승무원의 친절, 고객 응대 태도, 업무수행능력과 같은 대면 서비스 품질 정도가 항공사별 차이를 만들 수 있는 중요한 요소라 할 수 있다. 항공사가 보유하고 있는 기종이나 기내 구조는 항공사별 큰 차이가 없고 안전성과 비행속도 등 성능에서도 비슷하며 여행객의 무료 수하물 허용량 또한 **국제항공운송협회** (International Air Transport Association,

IATA(International Air Transport Association)
1945년에 설립된 전 세계 민간항공사 동업 조합체로 캐나다 몬트리올에 본부가 있는 국제항공운송협회이다. 세계 항공 교통량의 80% 이상이 IATA 회원사들에 의하여 수행되고 있다. 항공운임 등을 결정하고 각 공항에 대해 중복되지 않게 3 letter code를 지정한다. ICAO와 다른 점은 ICAO는 국제민간항공협약에 따라 설립된 정부 간 국제기구이고, IATA는 항공사들로 구성된 조합이다. 우리나라에서는 대한항공, 아시아나항공, 티웨이항공, 제주항공, 진에어가 IATA 회원사이다.

IATA)의 운송규약에 따라 정해지므로 항공운송서비스 중 항공사의 차별화를 위한 서비스는 객실서비스라 해도 지나치지 않는다. 그러므로 객실서비스품질은 고객의 기대수준을 넘는 독창적이어야 하며 경쟁 항공사와 비교하여 우위적인 것이어야 한다.

그러나 이러한 인적 서비스는 물적 요소처럼 유형화된 것이 아니므로 그 자체를 계량화하거나 수치화 혹은 객관화하기 어렵다는 특성을 갖는다. 그리고 객실서비스는 항공기 기종과 비행시간에 따라 제공되는 서비스가 달라지지만 기본적으로 서비스 규모에 있어 대형화된 형태의 서비스이다.

2 공항서비스 개념과 특성

1) 공항서비스의 개념

공항서비스란 공항에서 이용객에게 제공되는 제반 서비스를 말한다. 항공기를 이용하여 여객과 화물을 운송하고 활주로, 운항시설물 및 장비 자체의 유형적 환경이 서비스의 주요 기반이며, 무형의 인적 서비스를 포함하여 복합적으로 구성된 서비스이다.

여행객에게 공항은 목적지까지 가는 여행의 첫 인상을 결정해 주는 중요한 요인 중의 하나라고 볼 수 있다. 이러한 이유로 전 세계 국가들은 공항서비스에 대한 관심을 기울여 경쟁우위를 확보하기 위하여 노력하고 있다.

공항에서의 인적 서비스는 공항탑승수속카운터에서 시작된다고 볼 수 있으며, 이 때문에 항공서비스의 첫 MOT(Moment of Truth)가 이루어지는 곳으로 서비스 제공자의 친절한 응대와 신속, 정확한 업무처리로 고객 만족에 노력할 필요가 있다.

여행객은 공항의 탑승수속 카운터, 보안 검색 과정, 출입국관리 · 검역의 세 절차를 밟게 되는 출입국 수속 과정 등에서 대기시간을 경험하게 된다. 이런 상황에서 발생될 수 있는 고객 불만을 해소하기 위하여 각종 정보시스템과 첨단기술의 활용을 통해 더욱 고객의 편리성을 증진시키는 **출입국서비스** 제공 등 신속하고 편리한 서비스에 노력하고 있다.

KISS(Korea Immigration Smart Service)
우리나라의 출입국 심사를 뜻하는 용어로 여권자동판독시스템, 승객정보사전분석시스템, 원격무인출입국심사시스템 등을 통한 출입국 대기시간을 단축하는 행정서비스를 의미한다.

- 여권자동판독시스템: 승객 여권의 사진, 인적 사항, 규제자 정보들을 자동으로 인식하고 출입국정보시스템에 저장된 정보들과 신속히 대조하여 출입국심사를 정확하면서 신속하게 진행한다.
- 승객정보사전분석시스템: 입국하는 승객의 개인 정보를 출발국으로부터 사전 입수하고 분석하여 승객의 도착 전에 의심스러운 승객을 가려낼 수 있게 하는 시스템으로 이는 승객의 수하물을 직접 검사하는 비율을 대폭 낮춤으로써 통관 서비스의 신속성을 크게 향상시킨다.

싱가포르 창이국제공항 출국장

싱가포르 쥬얼창이 레인보텍스 인공폭포

2) 공항서비스의 특성

(1) 안전과 고객 만족을 동시에 충족해야 한다

공항은 '국가 간 이동'이라는 기능적인 서비스를 제공하는 공간으로 여객터미널과 같은 대형 건물 안에서 보안검색, 출입국 심사와 같은 중요한 국가 간 출입국 관리가 진행되는 곳으로 무엇보다 여행객의 안전을 기반으로 고객 니즈를 충족해야 한다.

(2) 서비스 제공자가 다양하다

공항에는 보안검색대, 출입국 관리대, 공항 라운지, 면세점을 비롯한 여러 상업시설 등 다양한 조직들이 공항운영에 참여하고 있고 여기서 근무하는 항공사, 정부기관, 아웃소싱 사업체 직원들이 고객을 응대하게 되는데, 이렇듯 서비스 제공자가 다양하다.

즉, 예약발권 및 기내서비스 등은 항공사가 관리할 수 있으나 기타 공항서비스는 공항 당국의 운영방침이나 공항 직원의 태도에 의해 영향을 받게 되고 고객 불만 발생 시 여행객이 이용하는 항공사 이미지에도 좋지 않는 영향을 미치기 때문에 공항을 이용하는 여행객에 대한 서비스 품질 관리도 매우 중요하다고 볼 수 있다.

H04
H05
H06
ALL FLIGHTS CHECK-IN
Economy
THAI

인천공항, 스카이트랙스(SkyTrax) '최고 터미널상' 및 '최고 환승공항상' 수상!!

인천국제공항공사는 영국 스카이트랙스社 주관의 '2020 World Airport Awards'에서 '최고 터미널상'과 '최고 환승공항상'을 수상했다고 밝혔다.

스카이트랙스는 영국에 본사를 둔 항공서비스 전문 컨설팅 회사로 매년 세계 각국의 여행객을 대상으로 공항의 핵심서비스인 체크인, 도착, 환승, 쇼핑 등에 대한 온라인 설문조사를 거쳐 20개 부문에 대한 시상을 하고 있으며, 인천공항은 전 세계 공항 중 터미널과 환승공항 2개 부문에서 각각 1위를 차지했다.

① 여객 맞춤형 스마트서비스 도입

체크인부터 수하물위탁까지 셀프로 간편하게 탑승수속이 가능한 스마트체크인존 도입, 인공지능 챗봇서비스, 자율주행 · 음성인식 등 첨단 ICT 기술을 접목한 안내로봇 에어스타 운영 등 공항운영에 스마트기술을 적극 접목하여 여객들에게 더욱 편리하고 신속한 서비스를 제공.

② 공항 곳곳에 수준 높은 예술작품을 설치

자비에 베이앙, 율리어스 포프, 김병주 등 공항의 의미를 살린 국내 · 외 작가들의 대형 미술작품을 설치하고, 공항진입로에도 작품공간을 조성하여 갤러리 같은 공항을 구현.

③ 다양한 문화공연을 진행하는 등 인천공항을 찾는 여객들에게 차별화된 서비스를 제공하고자 노력하고 있다.

'왕가의 산책', '수문장 교대식' 등 다채로운 전통문화공연을 통해 인천공항을 찾는 여객들에게 특별한 즐거움을 선사하고, 한국전통문화를 널리 알리는 등 편리하고 신속한 공항 서비스 제공이라는 공항 본연의 목적에 충실하면서도 인천공항만의 차별화된 고객 경험을 제공.

출처: 인천국제공항공사 https://www.airport.kr/co/ko/cmm/cmmBbsView

3 객실서비스 구성

항공사 객실서비스는 물적 서비스와 인적 서비스로 구성된다. 물적 서비스에는 승객이 여행 중에 이용하는 시설물이나 장비 그리고 기내에서 제공하는 상품, 환경 등이다. 인적 서비스로는 객실승무원의 서비스 수준, 고객 응대 태도, 정시 운항, 편리한 항공 스케줄, 비행 중의 안전성과 쾌적성 등을 들 수 있다.

1) 물적 서비스

항공사의 대표적인 물적 서비스 요소로는 항공기를 들 수 있다. 그 외 좌석, 기내오락프로그램, 기내 식음료, 기내편의용품이 있으며, 기압, 온도, 습도, 소음 등의 비행 중 기내 환경도 포함된다.

최신 항공기일수록 쾌적하고 세련된 기내 인테리어로 만족도를 높일 수 있다. 그 예로 상용항공기를 제작하는 미국의 Boeing에서는 항공기 동체를 탄소섬유로 제작하고 기존 항공기보다 더 넓은 창문을 만들어 쾌적한 기내 환경을 조성하고 기내로 유입되는 엔진의 소음을 30% 감소시켜 보다 편안한 비행을 제공할 수 있게 되었다.

승객 좌석의 경우 좌석 등급마다 공간의 차별성은 있으나 침대처럼 눕혀져 장시간 여행에도 편안함을 제공하는 일등석 좌석에서부터 슬라이딩 좌석 쿠션으로 인체공학적 설계를 통한 넓은 공간을 확보한 일반석까지 보다 안락한 여행을 위한 노력을 하고 있다.

기내식음료의 경우도 좋은 품질과 다양한 메뉴 구성으로 좌석 등급별 차별화 서비스를 제공하고 있으며, 국제선의 경우 건강, 종교, 연령 등의 이유로 항공사가 제공하는 성인 식사를 드시지 못하는 승객을 위한 기내 특별식도 준비되어 있어 사전 주문 시 이용가능하다.

그 밖에 대부분의 대형 항공사들은 영화, 음악, 독서물 등 기내에서 즐길 수 있는 다양한 오락프로그램과 상위 클래스에서는 편의복, 여행 용품 파우치와 같은 편의 용품을 제공하고 있다.

2) 인적 서비스

인적 서비스는 객실승무원이 기내설비 및 서비스 용품을 이용하여 승객에게 안전하고 쾌적한 여행이 될 수 있도록 돕는 업무라고 할 수 있다.

인적 서비스 요소로는 객실승무원의 서비스 태도(정중함, 친절, 적극성, 친밀감, 신속한 응대, 외국어 능력 등), 비행안전(운항의 안전성, 정시운항, 비상상황 대처) 등을 들 수 있다.

객실승무원은 비상 시 승객의 탈출을 돕는 등 기내 안전 업무를 수행하며 정상적인 비행에서는 승객에게 편의 서비스를 제공하는 사람이다.

이러한 이유로 객실승무원은 기본적으로 강한 체력과 정신력이 필요하며 상황에 대한 정확하고 신속한 판단력이 요구된다. 그리고 국제선 비행일수록 다양한 국적의 승객을 서비스하기 때문에 외국어 능력과 장시간 비행에도 미소와 친절한 태도를 유지할 수 있는 서비스 마인드를 갖추어야 한다.

이와 같은 인적 서비스 품질은 고객 만족에 중요하게 작용하기에 항공사에서는 객실승무원의 지속적인 교육과 훈련을 통해 기내 안전을 바탕으로 한 최상의 서비스를 제공할 수 있도록 하고 있다.

결론적으로 항공서비스란 항공기 시설, 기내좌석, 기내식 등의 유형적 상품과 항공운송 및 이와 관련된 인적 서비스 등의 무형적 상품을 제공하여 고객을 목적지까지 안전하고 편안하게 모시는 포괄적 상품이다.

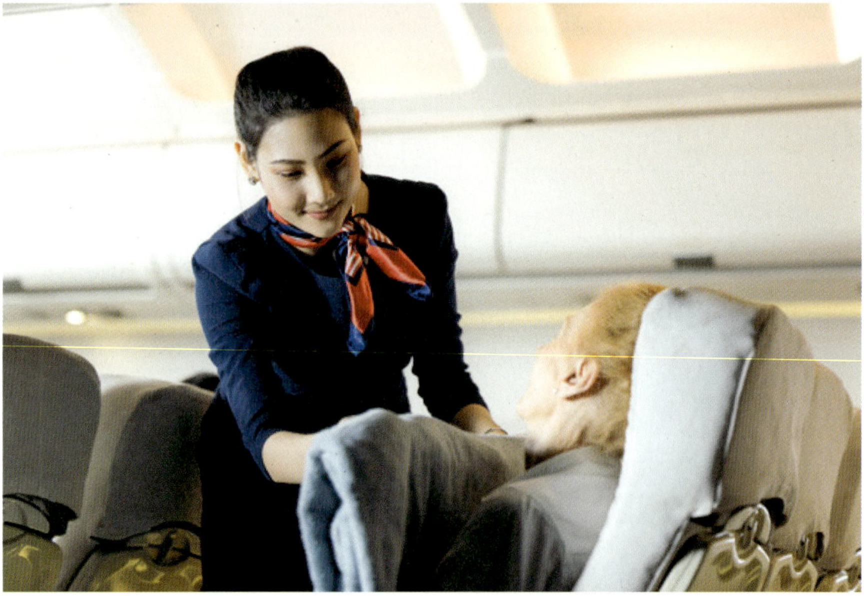

WorkSheet

Q1. 항공사 서비스의 특성은 무엇인가요?

Q2. 객실승무원은 기내서비스와 함께 공항서비스도 이해할 필요가 있다면 그 이유는 무엇이라고 생각하나요?

항공사서비스 롤 플레이

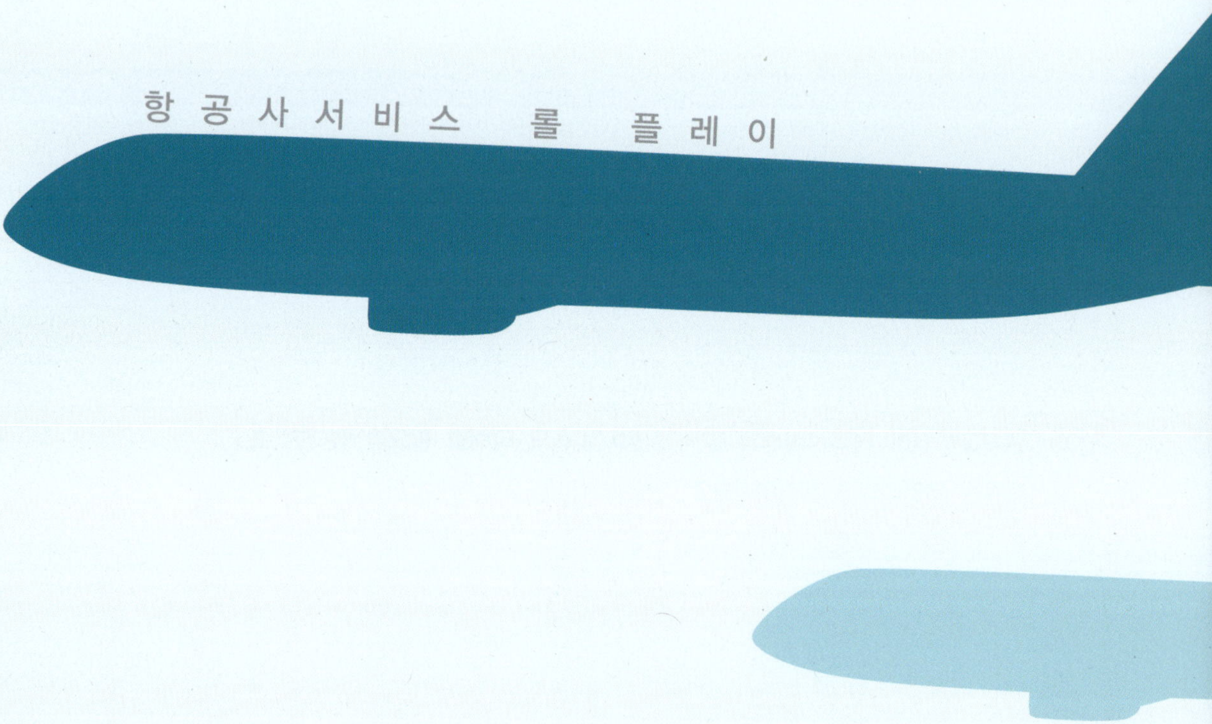

CHAPTER 04

서비스 롤 플레이

CHAPTER 04

서비스 롤 플레이

1 기내서비스 롤 플레이

1) 승객 탑승 및 이륙 전 서비스

객실승무원은 항공기에 탑승하여 비상장비 및 보안장비를 점검하고 탑재된 서비스용품과 기내식을 체크한 후 승객 탑승을 위해 자신의 담당구역에서 대기하게 된다. 탑승구에 위치한 객실승무원은 환영인사와 함께 탑승권을 확인하며 객실 좌측(L Side)과 우측(R Side)으로 구분하여 안내한다. Jump Seat 주변 등 객실 내 위치한 승무원은 환영인사와 함께 원활한 탑승을 위하여 이동하며, 신속

Jump Seat이란 이착륙 시 객실무원이 착석하는 의자로 주로 비상구 주변에 위치해 있다.

하고 적극적으로 좌석 안내와 수하물 정리를 돕는다.

기내반입 수하물은 선반 속이나 좌석 밑에 보관하도록 안내하며 선반 속에 보관할 때는 물건을 쌓아 두지 않도록 하며, 좌석 밑 보관 시에는 물품이 통로를 가로막지 않도록 한다.

승객 탑승 시점은 승객이 객실승무원과 만나는 MOT(Moment of Truth) 순간으로 밝은 표정과 공손한 자세가 필요하다. MOT란 고객이 기업이나 제품에 대한 이미지를 형성하게 되는 15초 내외의 짧은 순간을 의미하는데 이를 통해 서비스의 가치를 결정하게 된다.

다음에서 제시하는 상황에 대하여 표정, 시선, 자세, 태도, 화법 등 모든 서비스 이미지 요소를 적용하여 고객 만족을 이끌 수 있는 고객 응대를 완성하여 보자.

상황 응대 예시

승무원: "실례합니다, 고객님. 탑승권 확인 도와드리겠습니다."
승 객: "들어오기 전에 보여줬는데 뭘 또 보여 달래요!!"
승무원: "네, 고객님. 그러셨죠(고객의 성가신 마음 공감 표정!)
좌석 안내를 신속히 해드리기 위해 탑승권 확인을 다시 해드리고 있습니다. 번거로우시겠지만 양해 부탁드리겠습니다~
(탑승권 확인 후) 협조해 주셔서 감사합니다~
(좌석 안내 필요 시) 제가 좌석 안내해드리겠습니다."

- 항공기 탑승 전 지상 직원에 의해 탑승권 확인이 되고 있으나 기내에서 다시 한번 탑승권 소지 여부와 탑승권에 기재된 날짜와 편명을 확인하고 원활한 탑승을 위해 좌석 번호를 확인하고 있으므로 정중한 태도로 승객의 협조를 부탁하도록 한다.
- 항공권을 받을 때는 손가락을 가지런히 모아 두 손으로 받고 돌려드릴 때는 글자가 승객이 바로 보이도록 하여 왼손으로 오른손을 받치고 건넨다.

승객 1

좌석 번호 30A인 승객이 31A에 앉아 계신 경우

- 승객의 실수에 무안하지 않도록 공손하게 안내한다.
- 방향을 지시할 때는 손가락을 모으고 손 전체로 가리키며 시선도 옮겨 가리키는 방향의 손끝을 바라보고 다시 승객과 eye-contact 한다.
- 승객이 원래의 좌석으로 옮기는 동안 살펴보고 이륙 전이므로 좌석벨트 착용도 권유한다.

승객 2

42D 좌석에 승객 A가 앉아 계시고 같은 번호를 배정받은 승객 B가 오신 경우, 즉 승객 2명에게 한 개의 같은 좌석이 배정된 좌석중복 상황(Double Seat)

- 우선 두 승객의 탑승권을 요청한 뒤 날짜, 편명, 이름, 좌석번호를 재확인하고 좌석중복으로 판명되면 두 승객에게 정중히 사과한다.
- 승객 B를 주변 갤리(Galley) 근처에서 기다리도록 양해를 구한다.
- 객실팀장에게 보고한 후 지상직원에게 좌석 재배정을 받아 재배정한 좌석으로 승객을 안내한다.

승객 3

술병을 선반에 올리고 계신 승객

- 항공사 수하물은 승객이 기내에 가지고 탑승하는 기내 반입 휴대수하물(Carry on Baggage)과 항공사에 위탁하여 맡기는 위탁수하물로 구분한다.
- 기내 선반에는 가볍거나 소형 물건을 보관하고, 무겁거나 깨지기 쉬운 물건은 좌석 하단에 보관하도록 안내한다. 또한 안전을 위해 이륙 전에는 좌석 주변의 모든 짐은 선반이나 좌석 하단에 보관하도록 안내한다.

승객 4

담당 구역에 임산부 승객이 탑승한 경우

- 임산부 승객의 항공 여행은 임신 37주 미만은 가능하며 임신 32주에서 36주는 항공사에 산부인과 의사가 작성한 건강진단서를 제출한 상황에서 가능하다.
- 임산부 승객 탑승 시 휴대 수하물 운반을 돕고 필요한 것이 있는지 확인한다.
- 비행 중에도 불편함이나 건강에 이상이 없는지 물어보고 관심을 갖도록 한다. 화장실의 위치와 도움이 필요한 경우 승무원 호출 버튼 사용을 권한다.

승객 5

유아를 동반한 승객이 Baby Bassinet 설치 요구(이륙 전)

- 유아(Baby)란 생후 14일부터 24개월 미만을 말한다.
- 기내에서 아기를 눕힐 수 있는 유아용 요람을 Baby Bassinet이라고 한다. 체중 11kg 이하의 유아가 사용 가능하다.
- 보호자 승객이 아기 요람을 요청했는지 확인하고 안전을 위해 이륙 후 좌석벨트 표시등이 꺼지고 나서 설치해 드림을 안내한다.
- 이착륙 시에는 보호자가 좌석벨트를 매고 유아는 벨트 밖으로 안도록 안내한다.
- 안전을 위해 착륙 전에는 반드시 Baby Bassinet를 탈착해야 한다.

승객 6

이륙 전, 유아를 동반한 승객이 좌석벨트를 착용하지 않으신 경우

- 보호자가 먼저 좌석벨트를 매고 유아는 보호자가 안도록 안내한다.
- 이착륙 시에는 기압 차이로 인해 유아가 통증으로 불편해 할 수도 있음을 알려드리며, 물이나 음료를 마시게 할 수 있도록 우윳병 등을 미리 준비할 것을 알려주는 것도 좋다.

승객 7

승객: "이거 중요한 건데 내릴 때까지 맡아주실 수 있어요?"

- 승객이 자신의 개인물품을 객실승무원에게 맡아달라고 요청하는 경우이다.
- 귀중품을 포함한 휴대수하물은 승객이 직접 보관 및 관리하며 분실이나 파손에 대해서는 책임지지 않는다.

승객 8

승객: "○○일보 있어요? 들어올 때 보니까 신문 다 없던데……."

- 승객이 원하는 신문이 없는 경우이다.
- ○○일보가 탑재되지 않은 경우에는 먼저 사과를 드리고 대체할 수 있는 신문이나 잡지를 권해드린다.
- ○○일보가 전부 서비스되어 없는 경우에는 대체할 수 있는 신문이나 다른 손님이 다 보신 ○○일보를 구해드리는 방법을 안내한다.

승객 9

비상구에 승객의 짐이 놓여 있는 경우

- 기내 비상구 주변과 통로는 비상 시 신속하고 안전한 탈출을 위하여 비워 있어야 한다.
- 주변 승객의 짐이 맞는지 확인 후 보관할 위치를 안내해 드린다.

승객 10

이륙 전, 좌석 등받이를 젖히고 테이블을 열어놓은 채 좌석벨트를 매지 않고 있는 승객

- 이륙 전 승객 좌석 주변의 안전점검 사항은 승객의 좌석벨트 착용 여부, 열려 있는 테이블, 컵 홀더의 제자리, 젖혀져 있는 좌석 등받이, 팔걸이의 제자리 위치 등이다. 이륙 전 이와 같은 시설을 모두 사용하고 계신 경우는 드물지만, 쿠션 용어와 청유형의 사용 등으로 공손하고 명확하게 말씀 드린다.
- 이륙 후 좌석벨트 표시등이 꺼지면 사용하실 수 있다.

승객 11

혼자 여행하는 어린이(UM: Unaccompanied Minor) 탑승

- UM이란 국제선 기준 만 5세 이상~만 11세 이하 성인 보호자 동반 없이 혼자 여행하는 어린이를 말한다.
- 출발지 공항에서부터 담당 직원이 수속부터 기내 좌석까지 동반하여 객실승무원에게 인계하며 항공사마다 상이한 요금으로 유료서비스로 제공되고 있다.
- 담당 객실승무원은 UM 응대 시 지나친 높임말 혹은 반말을 하지 않도록 주의한다.
- 낯선 기내환경과 비행으로 불안해하지 않도록 세심하고 따뜻한 관심이 필요하다.
- 기내설비 사용법 및 화장실 위치, 좌석벨트 착용방법을 안내한다.

승객 12

휠체어 승객이 탑승하는 경우

- 항공사에서는 장애, 질병, 고령 등 신체적, 건강상의 이유로 거동이 불편한 승객에게 휠체어 서비스를 제공하고 있으며 탑승구까지 전담 직원이 보조해드린다.
- 담당 객실승무원은 휴대수화물 보관을 돕고, 좌석벨트 착용 등을 안내한다.
- 지팡이를 휴대한 경우에는 **정해진 장소**에 보관되도록 도와드린다.
- 기내전용 휠체어가 탑재된 기종의 경우 기내에서 필요 시 이용하실 수 있음을 알려드린다.

지팡이 보관 장소
- 문이 달린 코트룸
- 비상구열 좌석을 제외한 좌석 하단 바닥에 가로로 보관

승객 13

시각장애 승객이 탑승하는 경우

- 장애 승객이 탑승한 경우에 지나친 배려나 동정으로 보이는 언행은 삼가한다.
- 장애 승객에게 도움을 드릴 때에는 도움이 필요한지 확인 후 제공한다.
- 시각장애 승객 안내 시 동의 없이 승객의 팔을 잡지 않고 승무원이 앞장서서 안내하며, 지팡이를 사용하는 승객인 경우 지팡이 반대편에 서서 좌석안내를 돕는다.
- 기내설비 사용법 및 화장실 위치, 좌석벨트 착용법을 안내한다.
- 설명에 그치는 것보다 설비나 사용법은 그 위치나 생김새를 직접 만져보도록 하고 방향이나 위치를 안내할 때는 '2시 방향' 등 시계 방향을 예시로 설명하는 것이 좋다.

승객 14

비행 중 반려견을 꺼내어 어깨에 올리고 있는 승객이 좌석이 비좁다며 비어 있는 비상구열 좌석으로 옮기고 싶다고 요청하는 경우(반려동물 동반 승객)

- 국내 대형항공사 기준으로 기내 동반 가능한 반려동물은 생후 8주 이상의 개나 고양이, 애완용 새로 한정되어 있고, 반려동물 보관 용기의 크기는 가로, 세로, 높이의 합이 115cm 이하이다. 이는 승객의 앞좌석 아래 공간에 들어갈 수 있는 크기이다.
- 기내에서 반려동물을 운송 용기 밖으로 꺼내는 것은 엄격히 금지하고 있음을 정중히 안내한다.
- 또한 비상 시 승객의 신속한 탈출에 방해되지 않도록 반려동물 승객은 격벽좌석(Bulkhead Seat) 및 비상구열 좌석에 앉을 수 없으므로 이에 협조와 이해를 구한다.

승객 15

좌석이 좁아 불편하다며 비어 있는 비상구열 좌석으로 옮겨 달라고 요청하는 노약자 승객

- **비상구열 승객**은 비상 시 객실승무원을 도와 승객을 탈출시킬 수 있는 항공사 직원, 신체 건강한 성인, 영어 소통이 원활한 성인 승객을 우선적으로 배정한다.
- 노약자 승객 응대 시 '할아버지', '할머니' 등의 호칭은 지양하고 특별한 직함이 없는 경우에는 '손님'이라고 칭한다.
- 낯선 기내 환경과 비행에 불편함이 없도록 기내설비 사용법 및 화장실 위치, 좌석벨트 착용법을 안내하며 비행 중에도 지속적으로 관심을 갖는다.

비상구열 착석승객 의무
- 비상구 확인 및 개방
- 비상구 주변 장애물 제거
- 비상구 외부 상황 파악
- 승무원의 구두 혹은 수신호에 따름
- 탈출용 슬라이드(Escape Slide) 전개
- 탈출한 승객이 슬라이드로부터 벗어날 수 있도록 협조 등

WorkSheet

Q. 국내항공사에서 제공하고 있는 특수고객(도움이 필요한 승객)에 대한 지상 및 기내 서비스에 대해 알아봅시다.

특수고객 유형	대형항공사(FSC) 서비스 사항	저비용항공사(LCC) 서비스 사항

특수고객 유형	대형항공사(FSC) 서비스 사항	저비용항공사(LCC) 서비스 사항

2) 비행 중 서비스

비행 중 서비스란 항공기가 이륙하여 순항 고도에 이르러 기내식음료, 면세품 판매, 기내 엔터테인먼트 등 목적지 도착 전까지 제공되는 서비스이다.

객실승무원들은 좌석벨트 표시등이 꺼지면 갤리(Galley)에서 기내식음료서비스를 준비한다. 비행시간에 따라 기내식은 1~3회 제공되며 각 기내식 제공에 앞서 알코올음료를 포함한 음료 서비스를 한다.

대부분의 항공사들이 제공하는 물적 서비스는 거의 비슷하다고 볼 수 있지만 최근에는 물적 서비스의 차별화 및 고급화로 변화하고 있다. 오늘날 승객들에게 기내식은 단순히 배고픔을 충족시키기 위한 것이 아니라 즐거움을 경험하는 수단으로 인식하고 있기 때문이다.

기내에서 제공되는 음료는 알코올음료와 비 알코올음료이다. 알코올음료로는 와인, 위스키, 맥주, 브랜디 그리고 상위클래스에서는 샴페인을 서비스한다. 비 알코올음료는 주스류, 탄산음료 등의 Cold Beverage와 커피, 차와 같은 Hot Beverage로 나눈다. 그 종류는 항공사마다 상이할 수 있으며 이와 같은 주류를 베이스로 한 여러 칵테일도 제공된다.

단, 주류인 알코올음료는 19세 미만의 미성년 승객에게는 제공하지 않는다.

기내식음료는 서양식을 근간으로 구성되는데 기내음료의 역사는 육류 및 생선을 식사로 할 때 와인이나 맥주 등을 곁들이는 서양식문화에서 발달하여 왔다. 기내에서 서비스되는 주류인 알코올음료도 취할 정도의 주류 위주 서비스가 아닌 식사와 함께 즐기며 드시라는 의미이므로 승객 스스로의 절제가 필요하며 객실승무원도 만취 승객이 생기지 않도록 유의해야 한다.

기내식의 경우 일반석은 서양 정식 메뉴를 기본으로 하나의 Meal Tray에

세팅되어 제공되고 상위클래스에서는 코스(Course)별로 서비스한다.

따라서 객실승무원은 당일 제공되는 메뉴와 음료의 내용을 숙지하고 승객의 기호 파악에 노력하며 적극적인 안내를 하여야 하고 원활하고 품격 있는 서비스를 위해 서양식 이론, 서양식 테이블 매너, 칵테일 조주 등의 지식과 기술을 습득할 필요가 있다.

(1) 식전음료(Aperitif) 서비스

중거리 및 장거리 노선에서 기내식 서비스 전에 간단한 음료(Non-Alcoholic Beverage)와 주류(Alcoholic Beverage)를 제공하는 서비스이다. 서비스 형태는 항공사별로 비행시간, 식사시간대에 따라 다소 상이하다.

기내음료 서비스 방법

① 음료 주문 받기

- 음료를 추천할 때는 승객이 이해하기 쉽게 설명한다.
- 승객과 편안한 시선이 되도록 정면에서 바라보며 성의를 갖고 따듯한 마음으로 응대한다.
- 음료 제공 순서는 창가 승객부터 주문을 받으며 남녀노소 승객이 동석한 경우라면 노인, 어린이 동반자, 여자 승객 순으로 주문을 받고 서비스한다.

② 음료 제공하기

- 음료를 제공하기 전에 먼저 승객의 식사 테이블을 펴 드린다.
- 음료를 서비스할 때와 회수할 때는 컵, Tray 등 서비스 용품이 승객의 머리 위로 지나치지 않도록 유의한다.
- 뜨겁거나 무거운 것을 제공할 때를 제외하고 왼쪽 승객에게는 왼손으로, 오른쪽 승객에게는 오른손으로 제공한다.
- 칵테일을 서비스할 때는 충분한 지식과 기술로 레시피에 따라 적절히 제조한다.

③ 음료 회수하기

- 서비스한 컵을 회수할 때는 승객의 만족도 및 리필(Refill) 희망 여부를 확인하고 반드시 회수해도 좋은지를 물어본 다음에 회수한다.
- 제공한 순서대로 회수하는 것을 원칙으로 하되 승객이 요구할 때는 먼저 회수한다.

WorkSheet

Q1. 국내 FSC 및 LCC 항공사의 국제선에서 제공되고 있는 음료는 무엇이 있는지 알아봅시다.

다음 대화법 예시를 이용하여 승객에게 직접화법으로 응대해 봅시다. (Q2~Q3)

음료서비스 대화법 예시

"식사 전 음료 한 잔 드시겠습니까? 오늘 준비된 음료는 주스, 탄산음료, 맥주 등이 있습니다."
"오렌지 주스 여기 있습니다. 맛있게 드십시오."
"실례합니다, 좌석 앞 테이블 열어드리겠습니다."
"오렌지 주스 한 잔 더 하시겠습니까?"
"실례합니다~ 빈 컵 치워드리겠습니다. 더 필요한 것이 있으면 말씀해 주시기 바랍니다."

Q2. 항공사별 준비된 음료를 승객에게 소개하며 주문받아 보세요.

Q3. 승객의 만족도 및 리필(Refill) 희망 여부를 확인하고 다드신 음료 컵을 회수해 보세요.

승객 16

식전음료(Aperitif) 서비스 시 승무원이 모르는 칵테일을 요구하는 승객

- 승객에게 주문하신 칵테일을 모른다고 사과하며 솔직히 말한다. 그리고 승객에게 제조법에 대하여 물어본 후 Base와 Mixer가 준비되어 있다면 제조하여 제공한다.
- 승객이 칵테일 제조법을 모르는 경우에는 승객 취향에 맞는 칵테일을 권유하여 제조한다.

에미레이트 항공 A380 Bar

승객 17

진토닉(Gin Tonic)을 주문하여 마신 승객이 맛이 너무 강하다고 하는 경우

- 진토닉(Gin Tonic)이란 증류주에 주니퍼베리 향미를 혼합한 술인 Gin을 베이스로 칵테일 Mixer류인 토닉 워터(Tonic Water)를 붓고 레몬이나 라임 슬라이스로 장식하는 청량한 느낌의 칵테일이다.
- 맛이 강하다는 것은 Base인 Gin이 많이 들어간 것으로 맛을 희석하기 위해서는 토닉 워터를 조금 더 붓거나 얼음이 녹은 경우 얼음을 더 넣는 방법이 있다. 승객의 의사를 물어 제공한다.

승객 18

국내선 비행에서 맥주를 요구하는 승객

- 국내선 구간에는 식사와 알코올음료가 제공되지 않는다. 공손하게 사실을 말씀드리며 물이나 주스 등 준비된 다른 음료를 권유하도록 한다.

승객 19

승객: "혹시 아이스 녹차 있나요?", "당근 주스 있어요?"

- 구간에 탑재되지 않은 음료를 요구하는 경우이다. 우선 승객이 원하는 음료를 제공하지 못하는 것에 사과드린 후 다른 주스류나 음료를 권한다.
- 음료 컵 회수 시 권해드린 음료는 괜찮으셨는지 만족도를 확인한다.

승객 20

술 취한 승객이 술을 더 요구하는 경우

- 만취승객의 기내난동 방지와 승객의 안전을 위해 기내에서의 주류는 제한적으로 제공한다.
- 정중한 태도로 제공하지 못하는 이유를 설명하고 다른 음료를 권하도록 한다.
- 다른 객실승무원에게도 취객의 상황을 알려서 주류가 더 제공되지 않도록 한다.

승객 21

승객: "이봐요! 지금 몇 번을 치고 다니는 거예요. 이거(음료 Cart) 때문에 콜라 쏟아져 옷에 튀었잖아요!"

- Cart를 이용한 음료 서비스 상황에서 Cart를 부주의하게 움직여 승객의 팔걸이를 치고 다녀 불편을 초래한 상황이다.
- 우선 정중히 사과를 드리고 엎질어진 음료를 닦을 물티슈나 냅킨을 준비해드린다.
- 앞으로 주의하겠다는 말과 함께 다시 한번 사과를 한다.

항공 기내난동

항공 기내난동이란 기내에서 흡연, 폭언, 폭행, 음주로 인한 위해 행동, 기물 파손, 전자기기 사용기준 위반, 성희롱, 성추행 등 승무원 업무 수행에 방해되는 행위를 뜻한다. 이러한 기내난동은 우리나라를 포함하여 전 세계적으로 매해 증가하고 있는 추세이다.

기내난동의 원인으로 항공사가 제공하는 주류와 관련이 있다고 보는 조사결과가 많다.

이러한 기내난동에 대한 우려가 높아지는 가운데 대한항공에서는 기내에서 폭력, 폭언 등으로 항공기 운항 안전을 방해하는 등의 기내난동 승객에 대한 일시적 혹은 영구적 탑승을 거절하는 노플라이 제도(No fly System)를 도입하였다.

캐나다 여객기에서 술 취해 소동을 부린 승객으로 인해 회항하였다.
지상에서 6잔의 술을 마신 후 탑승하여 이륙 중 지속적 소동을 벌여 회항을 결정하였다. 이 과정에서 안전을 위해 약 9000kg의 연료를 버리고 착륙하였으며 이 난동승객은 재판결과 「항공안전법」 위반으로 회항에 따른 승객 보상과 소모된 연료비 등을 배상하게 되었다.

국내 K항공사에서는 하노이-인천 구간에서 만취한 승객이 주변 승객과 승무원을 폭행하며 장시간 난동을 부렸다. 이 난동 승객은 베트남 하노이 공항 라운지에서 술 8잔을 마셨고 기내 탑승 후 2잔을 더 마신 것으로 밝혀졌다.
재판결과 항공기안전운항저해 폭행, 기장 등 업무방해, 상해, 재물손괴, 폭행 등 5가지 혐의로 구속기소된 사건이다.

(2) 기내식 서비스

기내식은 승객의 식사 사전주문 여부에 따라 일반식(Normal Meal)과 특별식(Special Meal)으로 구분한다. 일반식은 비행 전 사전주문 절차를 거치지 않고 항공사가 정한 메뉴 구성으로 탑승한 모든 승객에게 제공되는 식사이고, 특별식은 승객 개인의 건강상, 종교상의 이유 등으로 비행 전에 특정한 음식을 주문했을 때만 제공하는 식사이다.

이러한 기내식은 서양식을 기본으로 한식, 중식, 일식 등 다양하게 제공하며 노선별, 클래스별, 시간대별로 다르게 구성된다.

FSC(Full Service Carrier)에서는 모든 식음료의 제공비용이 항공요금에 포함되어 있어 기내서비스 시 추가요금을 받지 않고 제공하지만 LCC(Low Cost Carrier)에서는 유상판매를 통하여 제공한다.

기내식 서비스 방법

① 식사 주문 받기

- 제공되는 메뉴의 내용에 대해 충분히 숙지하며, 승객의 기호와 취향을 파악하여 적극적으로 추천한다.
- 식사를 추천할 때는 외래어나 전문 용어를 사용하는 것보다는 승객이 이해하기 쉽게 설명하도록 한다.

② 식사 제공하기

- 식사를 제공하기 전에 먼저 승객의 식사 테이블을 펴드리며, 창가 승객에게는 양해를 구해 승객이 직접 식사 테이블을 펴도록 권유한다.
- 모든 식사는 뜨겁게 서비스해야 할 것은 뜨겁게, 차갑게 서비스해야 할

것은 차갑게 제공될 수 있도록 준비한다.

③ 식사 회수하기

- 서비스한 식기나 트레이를 회수할 때는 승객의 취식 만족도를 확인하고 회수해도 좋은지를 물어본 다음에 회수하도록 한다.
- 제공한 순서대로 회수하는 것을 원칙으로 하되 승객이 요구할 때는 먼저 회수하며, 식사가 일찍 끝난 승객에게는 승객의 의향을 묻고 먼저 정리해 드린다.

(3) 특별식(Special Meal)

승객의 건강이나 종교적 이유로 항공사가 준비한 일반 기내식을 취식하지 못해 특별히 식사를 요청하는 경우 혹은 성인식 취식이 어려운 유아나 어린이를 위해 기내 특별식을 제공하고 있다.

기내 특별식(Special Meal)은 다음과 같다.

① **종교식**: 이슬람 율법에 따라 돼지고기와 알코올을 사용하지 않은 이슬람 식사인 Moslem Meal, 힌두교도를 위한 쇠고기와 송아지 고기를 사용하지 않는 Hindu Meal, 유대교 율법에 따라 조리된 **Kosher Meal**, 인도 스타일의 자이나교 관례를 따라 과일, 채소, 두부 등을 사용해 준비한 Vegetarian Jain Meal 등이 있다.

Kosher Meal: 유대교 율법에 따라 랍비가 기도를 올린 식재료를 사용하여 만든 음식으로 모두 밀봉되어 탑재된다. 이러한 이유로 국내항공사에서는 완성품을 구매하여 탑재하고 있어 만약 식사가 탑재되지 않은 경우 대체 서비스가 불가하니 사전에 탑재 여부를 반드시 확인한다.
담당 객실승무원은 밀봉된 상태를 유지하고 주문한 승객에게 확인한 뒤 허락을 얻어 식사를 데워드려야 한다.
승객의 허락 없이 밀봉된 식사를 개봉하는 일이 없도록 주의한다.

② **건강식:** 열량, 단백질 등을 조절한 당뇨식(Diabetic Meal), 콜레스테롤 함량이 적은 저지방, 육류, 저지방 생선 등의 저지방식(Low Fat Meal), 고혈압이나 신장병이 있는 분을 위한 저염식(Low Sodium Meal), 소화기능이 좋지 않은 분을 위한 가벼운 식사인 저자극식(Bland Meal) 등이 있다.

③ **야채식(Vegetarian):** 종교적 혹은 건강의 이유로 육식을 하지 않는 승객을 위한 식사로, 생선류, 가금류를 포함 모든 육류와 계란, 유제품을 사용하지 않는 Vegetarian Vegan, 생선류, 가금류를 포함한 모든 육류, 생선류, 가금류를 포함한 모든 육류와 동물성을 사용하지 않고, 계란 및 유제품은 포함하는 Lacto-Ovo Meal 등이 있다.

④ **연령별 특별식:** 24개월 미만 유아에게 이유식과 아기용 주스 등을 제공하는 Baby Meal, 12세 미만 어린이를 위한 Child Meal이 있다.

기내특별식은 항공사별, 노선별로 상이할 수 있으니 승객은 사전에 확인이 필요하다. 객실승무원도 당일 제공되는 메뉴의 내용을 숙지하고 S.H.R을 통한 확인으로 정확한 안내가 될 수 있도록 한다.

> S.H.R(Special Handling Request)
> 승객인적사항, Special Meal 내역, VIP, UM, TWOV, 휠체어 승객 등 탑승객 정보가 기재된 서류이다.
> 모두 영문 코드로 기재되어 있다.

이미지 출처: https://www.airlinemeals.net/

주요 기내특별식 약어

약어	내용	
BBML	Baby Meal	유아식
BLML	Bland Meal	유동식
CHML	Child Meal	아동식
DBML	Diabetic Meal	당뇨식
FPML	Fruit Platter Meal	과일식
GFML	Gluten Intolerant Meal	글루텐 제한식
HNML	Hindu Meal	힌두교식
KSML	Kosher Meal	유대교식
LCML	Low Calorie Meal	저열량식
LFML	Low Fat Meal	저지방식
LSML	Low Salt Meal	저염식
MOML	Moslem Meal	회교도식(이슬람교식)
RVML	Row Vegetarian Meal	생야채식
SFML	Seafood Meal	해산물식
VGML	Vegetarian Vegan Meal	엄격한 서양채식

승객 22

비빔밥과 닭고기 식사를 제공 중 비빔밥이 다 소진되고 닭고기만 남아 있는 상황에서 비빔밥을 먹어야겠다고 불만을 토로하는 승객

- 승객이 원하는 식사를 제공해드리지 못하는 것은 매우 곤란한 상황이다. 항공사에서도 해당 노선의 탑승객 국적별 상황을 보고 한식과 양식의 비율을 조절하여 탑재하고는 있으나 한식 선호가 많은 경우 간혹 발생할 수 있는 상황이다.
- 우선 승객에게 정중히 사과를 드리고 다른 구역에 식사가 남아 있는지도 확인해 본다. 여유분이 없는 경우 양식의 조리법을 더 자세히 설명하며 고추장 등의 소스가 있는 경우 제공해드린다. 그리고 두 번째 기내식이 준비된 장거리 노선이라면 먼저 미리 주문 받아 두 번째 식사 시에는 원하는 메뉴를 선택하실 수 있게 해드릴 것을 말한다.
- 이러한 조치에도 불구하고 불만이 심하다면 객실팀장에게 보고하여 대체 서비스를 준비하도록 한다.

승객 23

어린이 동반 승객이 성인식 이외 어린이를 위한 기내식을 요구하는 경우 (아동식 미 신청 승객)

- 국내 대형항공사의 국제선 장거리 노선에서는 기내식 이외 삼각 김밥, 컵라면, 피자 등의 간식을 제공하고 있다. 식사를 대체할 수 있는지 여부를 확인하고 제공할 수 있다.
- 12세 미만의 어린이 동반 승객의 경우 어린이 특별식(Child Meal)을 주문하면 스파게티, 오므라이스 등 어린이를 위한 메뉴 구성이 있음을 알려드리고 다음 여행 시 이용해 보실 것을 권유한다.

승객 24

승객: "난 채식주의자라 기내식 따로 주문했는데 왜 식사가 안 나오죠?"

- 우선 정중히 사과하고 S.H.R을 통하여 주문 여부를 확인한다.
- 항공사 실수로 인하여 탑재되지 않은 경우 객실팀장에게 보고하여 가장 비슷한 대체 식사를 승객의 의향을 물어 제공한다. 채식 중에서도 유제품이나 계란의 취식이 가능한지 여부를 물어 기내에서 제공 가능한 음식을 구성하되 객실승무원 임의대로 조리하지 않는다.

승객 25

승객: “이게 뭐예요?” 기내식에서 이물질을 발견하고 항의하는 승객

- 우선 정중히 사과드린다. 이런 경우에는 승객의 불쾌감을 충분히 공감하여 진심어린 사과가 필요하다.
- 다른 식사 혹은 원하시는 경우 간식으로 대체해 드린다.
- 재발 방지를 위해 노력하겠다는 사후 관리가 필요하다.
- 항공사 기내식은 항공사별 계약이 되어 있는 기내식 공급업체에서 제조하여 기내에 탑재되며 기내식음료 제조는 항공법과 엄격한 위생 기준 아래 운영되고 있다.

N10
N9
N8
5030
LSG
Sky Chefs

승객 26

커피 서비스 중 승객에게 커피잔을 건네는 과정에서 승객의 바지에 커피를 쏟은 상황

- 먼저 정중히 사과를 드린 후 신속히 닦아 낼 물수건이나 티슈를 제공한다.
- 뜨거운 커피이므로 화상을 입지는 않았는지 여부를 확인한다. 필요시에는 화장실로 안내하여 화상 연고와 화상 거즈 등으로 응급처치를 하도록 한다.
- 의복 손상이 심한 경우에는 객실팀장에게 보고 후 Cleaning Coupon을 제공하며 한 번 더 사과를 드린다.
- 무엇보다 중요한 것은 신속하게 정중한 객실승무원의 태도와 지속적인 관심이 필요하다.

승객 27

승객: "식사 양이 적어서 그런데 기내식 하나 더 먹을 수 있나요?"

- 서비스 후 남은 잔량의 기내식이 있는지 확인 후 제공한다.
- 잔량의 기내식이 없는 경우에는 여유분의 빵 등을 권유해 본다.

승객 28

승객: "지금은 밥 생각 없는데, 나중에 먹을게요……."

- 단거리와 중장거리에 따라 고객응대가 달라질 수 있다. 단거리 국제선이라면 비행시간이 짧아 나중에 식사를 제공하기에 어려움이 있음을 양해 구한다.
- 장거리 국제선의 경우라면 드시고 싶은 메뉴를 묻고 취식을 희망할 때 알려달라고 하고 갤리(Galley)에 보관한 후 제공한다.

승객 29

승객: "지금은 먹고 싶지 않고 도착하면 호텔가서 먹을까 싶은데 가져가도 되죠?"

- 제공되는 기내식을 취식하지 않고 하기 시 가지고 내린다는 상황이다.
- 기내식은 비행 중 기내에서 취식하여야 하며 위생과 검역 문제로 비행기에서 가지고 내릴 수 없다. 이 부분을 정중히 안내하고 취식을 권하거나 제공시점에 기내식 양이 많아 불편한 경우라면 기내식 구성에 준비된 샐러드나 빵으로 드실 것도 권유해 본다.

승객 30

승객: "이거 무슨 커피예요? 다른 커피는 없어요?"(일반석)

- 항공사별, 클래스별 제공하는 커피가 다소 상이하나 보통 일반석에서 서비스되는 커피는 Brew Coffee, Instant Coffee, Decaffeinated Coffee 등이며 갤리(Galley) 내 커피메이커를 이용하여 원두가루 커피 팩을 Brewing 한 것을 서비스하고 있다.
- Brew된 지 한참 시간이 지난 커피는 향과 맛이 떨어질 수 있으므로 여부를 확인 후 다시 제공하거나 다른 커피를 설명 후 서비스하도록 한다.

승객 31

타 항공사와 비교하며 기내식이 맛없다고 불평하는 승객

- 항공사마다 고객 만족을 위한 기내식 차별화에 노력하고 있지만 식습관과 문화가 다른 수백 명의 승객들을 동시에 만족시킬 메뉴와 맛을 제공하기에는 어려움이 많다. 그렇기에 모든 승객이 제공되는 기내식이 맛있다고 느낄 수는 없는 것이므로 이러한 승객의 개인 기호에 대해서도 공감하고 존중할 수 있어야 한다.
- 우선 입맛에 맞지 않는 부분에 안타까움을 표하고 어떤 부분이 입에 맞지 않는 것인지 확인 후 다른 메뉴의 여유분이 있다면 권해 보도록 한다.
- 기내식 맛에 관한 승객의 의견을 추후 회사에 건의하여 참고하도록 하겠다는 등으로 승객 의견에 경청하고 공감하는 모습을 보인다.

승객 32

승객: "와인 한 잔 하고 싶긴 한데, 제가 먹는 것과 뭐가 어울릴까요?"

- 중장거리 기내식 서비스 시 와인을 함께 제공하는데 일반석에서는 레드 와인과 화이트 와인 중 선택할 수 있다.
- 보통 붉은 육류요리에는 Red Wine을 생선, 해산물 요리에는 White Wine이 적합하다고 권유하지만 와인도 기호식품이므로 승객의 취향에 맞는 것을 추천하도록 한다.

WorkSheet

승객의 국적별로 선호하는 식음료는 약간씩 다른 특성이 있다. 프랑스 승객인 경우, 와인의 종주국답게 코스별 메뉴에 따라서 샴페인을 비롯하여 다양한 와인을 즐기기 좋아한다. 스위스 승객의 경우에는 와인과 치즈에 대한 지식이 풍부하고 다양한 와인과 치즈를 요청하는 경우가 있다.

이렇듯 여러 국가별 승객 응대 시 특성에 따른 관련 지식과 상식을 갖추어야 품격 있는 서비스가 가능하다고 할 수 있다.

국내 항공사에서 제공하고 있는 와인과 그 특성을 알아보고 직접화법으로 승객에게 제공해 봅시다.

예시

항공사 / 와인명	대한항공 / 샤또 라스콤브 2018(Chateau Lascombes)
와인의 특성	• 프랑스 보르도 지방 마고(Margaux) 마을에서 생산된 레드와인 • 와인품질 최고등급인 그랑크뤼(Grand Cru)급으로 선정 • 30년 이상의 포도나무에서 수확한 세 종류의 포도를 사용하여 제조 • 오크통에서 20개월 숙성 • 과일과 꽃의 풍부한 향과 가벼운 나무 향취, 짙고 밝은 붉은 색 • 육류 및 가금류 요리, 치즈와 어울림 
와인소개	"식사와 함께 와인 한 잔 하시겠습니까? 오늘 제공되는 와인은 샤또 라스콤브 2018로 프랑스 보르도 마고 지방에서 생산된 레드와인입니다. 와인품질 최고등급인 그랑 크뤼로 선정된 와인으로 풍부한 과일과 꽃 향 그리고 가벼운 오크의 향을 느끼실 수 있고 지금 드시는 스테이크와도 잘 어울립니다."

항공사 / 와인명	
와인의 특성	
와인소개	

(4) 기내 면세품 판매 및 승객 휴식

면세품이란 세금이나 관세가 면제된 상품을 말하며 영어로는 Duty-free 혹은 Tax Free라고 한다. 기내 면세품 판매는 대고객 서비스의 일환으로 제공하고 있지만 휴식을 취하는 다른 승객에게 방해되지 않도록 주의가 필요하다.

기내에서 판매하는 면세품 종류는 주류, 화장품, 담배, 향수, 기타 기념품 등이며, 자세한 내용은 기내 판매 안내지에 소개되어 있다.

객실승무원은 각 국가별 면세허용량이 있으므로 목적지 국가의 허용량을 숙지하여 승객에게 안내할 수 있도록 한다.

객실조명은 객실팀장이 주관하며 승객탑승과 하기, 식사서비스 시에는 밝게(Full Bright), 영화상영 및 승객 휴식 시에는 어둡게(Dark), 이륙 및 착륙 시에는 중간 밝기(Dim)로 하는 등 시점별 적합한 객실 조명 상태가 되도록 유지한다.

기내식 서비스 후 승객은 영화감상 등 엔터테인트먼트를 즐기거나 취침을 하게 된다. 이때 **객실의 조명**은 어둡게 낮춰지므로 승객의 편안하고 안전한 휴식을 위하여 정기적으로 담당구역을 순회(Walk Around)하며 음료를 제공하거나 건강상태를 살피는 등 세심하고 적극적인 Personal Touch를 해야 한다.

면세품 구입한 승객의 신용카드 결재를 위한 휴대용 포스(POS) 사용 중인 승무원

승객 33

승객: (면세품 판매 책자를 보며) "**조니워커 블랙**은 없어요?"

조니워커(Johnnie Walker)는 스코틀랜드에서 생산하는 대표적인 블렌디드 위스키(Blended Scotch Whisky)이다. 그 종류로는 조니워커 블루, 블랙, 레드, 골드, 그린 라벨이 있다.

- 기내 면세품에 구비되지 않은 품목을 찾는 경우이다.
- 우선 승객이 찾는 물품이 탑재되지 않은 것에 사과를 드리고 비슷한 품목을 추천한다.
- 조니워커 블랙은 블렌디드(Blended) 위스키이므로 다른 블렌디드 위스키를 권하거나 비슷한 가격대의 다른 위스키를 추천한다.

승객 34

승객: "(우리나라 입국) 술 2병을 구입했는데 신고해야 될까요?"

- 모든 국가는 입국에 관련된 면세 허용 규정이 있으므로 도착 국가의 규정에 따라 세관신고서를 작성하여야 한다. 면세 허용량은 국가마다 다르므로 잘 숙지하여 안내한다.
- 우리나라의 면세 허용량은 주류 1리터, 담배 1보루, 향수 60mL(2oz)이다. 보통 주류 한 병이 700~750mL임을 감안할 때 술 한 병까지 면세허용량으로 볼 수 있다. 허용량을 초과하는 부분은 신고해야 함을 안내한다.

국가별 면세 허용량(Duty-free Allowances)

국가	주류	담배	향수
한국	1병(1L 이하)	1보루(200개비)	60mL(2oz)
일본	3병(1병당 760mL)	2보루(400개비)	2oz
중국	1병(1.5L 이하)	2보루(400개비)	적당량
필리핀	2병(1L 이하)	2보루(400개비)	적당량
베트남	2L(22% 이하) 1.5L(22% 이상)	2보루(400개비)	적당량
싱가포르	위스키,맥주, 와인 각 1L	면세불가	적당량
미국	1L 이하	200개비 이하	적당량
영국	2L	1보루(200개비)	2oz
독일	2L(22% 이하) 1L(22% 이상)	1보루(200개비)	50g(약 1.8oz)
호주	2.25L	250개비	AUD$900 이하

- 1oz는 약 29.5mL
- 담배 1보루(1Carton)는 10갑
- 술의 강도는 일정 물에 섞여 있는 알코올 함유 비중인 도수로 표시하는데 나라마다 다르게 표시되고 있다. 도수는 퍼센트와 같다. (22도 = 22%)

승객 35

기내적정 온도 유지 중에도 기내가 춥다 혹은 덥다고 하는 승객

- 기내 온도는 Air Condition System으로 항공기 내부로 신선한 공기를 공급하고 객실 안의 사용된 공기는 외부로 배출시켜 기내 안은 항상 신선하고 적절한 온도(23~25℃)를 유지하고 있다.
- 상황에 따라 여분의 담요나 따뜻한 차, 시원한 음료 등을 권해드린다.
- 창가 승객이나 항공기 비상구 주변 승객은 다소 춥게 느껴질 수도 있다. 승객의 다양한 개인차를 이해하고 공감하는 자세가 필요하다. 만약 다수의 승객이 기내온도에 불편해한다면 조절할 수 있다.
- 지속적으로 불편해하는 경우 다른 건강상 문제가 있는 것은 아닌지 관심을 갖는다.

승객 36

화장실 주변에서 흡연하는 승객

- 항공기 안전 운항을 위하여 기내흡연은 전자담배를 포함하여 절대 금하도록 하고 있다.
- 승객이 불쾌하지 않도록 정중히 담배를 꺼줄 것을 요청한다.
- 반복적인 흡연 시에는 기내흡연은 **불법행위**임을 강조하여 강경히 대처한다.

항공기 내 불법행위

- 승무원 폭행 · 협박 · 업무방해 행위
- 흡연 행위(전자담배 및 유사 흡연기구 포함)
- 폭언 등 소란 행위
- 음주로 인한 위해 행위
- 조종실 출입문 · 탈출구 등 기기조작 행위 등

승객 37

승객이 명함을 건네며 개인적으로 다시 꼭 만나고 싶으니 연락 달라고 하는 경우

- 이러한 손님의 가벼운 개인적인 관심에는 정중하고 친절하게 응대하여야 한다. 다만, 승무원의 개인 연락처를 요구한다면 승객의 연락처를 달라고 하는 방법으로 거절하는 것이 좋다.
- 건네시는 명함을 사양하면 승객이 무안할 수 있으니 사양할 필요는 없다.

승객 38

승객: "영화 보려는데 리모컨이 고장인가 봐요. 작동이 안 되네요."

- AVOD(Audio Video on Demand) System 고장인 상황으로 불편을 끼친 점을 사과하고 작동 여부를 확인한 후 재부팅을 실시할 것임을 안내한다.
- 재부팅 동안 기다리신 것에 감사하다는 말과 해결 후에는 다른 음료나 차를 권한다.
- 시스템 작동되지 않을 때는 다른 좌석으로 옮길 것을 권유한다.

승객 39

승객: "승무원! 어떻게 승무원이 승객들보다 더 떠들어요. 탕탕 소리에, 떠드는 소리에, 잠을 잘 수가 없어……."

- 갤리(Galley) 근처 좌석 승객이 갤리 내 작업 중 발생되는 소음과 승무원들의 대화에 불편을 호소하는 상황이다. 갤리 공간을 가려주는 것은 방음이 되지 않는 커튼이므로 갤리 안에서는 되도록 사적인 대화나 승객에 관한 험담 등을 자제하며 조용히 목소리를 낮추며, 모든 기물들이 대부분 철제로 부주의하게 다룰 경우 소음이 발생되므로 조심하도록 한다.
- 불편을 드린 점에 사과를 드리고 최대한 소음이 발생되지 않도록 주의하겠다고 하며 지속적으로 불편을 느낀다면 이어플러그 사용이나 좌석 변경을 권한다.
- 고객 불만 상황에서는 가장 중요한 것이 공감형성이다. '뭐 그런 사소한 걸로…….'라고 생각하면 고객의 불만을 사소한 것으로 여기는 표정이나 태도가 나올 수밖에 없다.
- 기내는 좁고 다수의 사람들이 있는 다소 불편한 환경임을 감안하여 승객의 불편사항에 공감하고 귀를 기울이는 세심하고 정성어린 서비스 자세가 필요하다.

승객 40

승객: "이륙 때부터 귀가 먹먹하고 이상한데, 아픈 것 같기도 하고…….
괜찮겠지요?"

- 항공여행 중 귀가 먹먹해지는 불편함을 느끼게 될 때가 있다. 이는 고도에 따른 기내 기압 변화 때문이다. 특히 비행기 이착륙 시 심한 경우가 많은데 이륙 및 착륙 시 고도에 따라 귀 속의 압력이 변화하며 느끼는 통증으로 안심해도 된다고 안내한다.
- 이를 해결하기 위한 방법으로 코를 손으로 막고 입을 다문 채 배에 힘을 주면서 강하게 숨을 내쉬는 발살바(valsalva)법을 따라 하도록 안내하거나 물이나 음료를 권해 보는 것도 좋다.

승객 41

승객: "승무원, 머리가 아픈데 혹시 두통약 있어요?"

- 기내 환경은 건강한 승객에게도 물리적 혹은 심리적 부담을 주는 지상과는 다른 환경이다. 따라서 객실승무원은 비행 중 경미한 증상을 호소하더라도 승객의 상태를 주의 깊게 관찰하고 관심을 가질 필요가 있다.
- 항공사에서는 승객의 건강한 항공여행을 위하여 기내에 기본적인 의약품을 배치하고 있다.
- 기내에 상시 비치하는 의약보관함으로는 Medical Bag, FAK(First Aid Kit), EMK(Emergengency Medical Kit)가 있다. 이 중 객실승무원이 휴대하고 다니는 의료가방인 Medical Bag에는 진통제, 소화제, 멀미약, 일회용 밴드, 일회용 얼음주머니 등이 구비되어 있다.

승객 42

승객: "승무원, 비행기 괜찮아요? 이렇게 심하게 흔들리는 거 처음 봐요."

- 심한 Turbulence로 불안해하는 승객이다. Turbulence 발생 시 객실승무원은 승객의 안전을 위해 좌석벨트를 매도록 기내방송을 실시한다.
- 불안해하는 승객에게 난기류에 의해 흔들리는 것으로 비행안전에는 문제없이 운항 중임을 알려 안심시켜 드린다. 그리고 승객이 좌석벨트를 착용했는지 확인한다.

승객 43

승객: "멀미가 나서 그런지 속이 너무 안 좋아요.."

- 기내 기압은 해발 5,000~8,000ft(1,524~2,438m) 고도에서의 기압과 비슷한 수준으로 유지되어 우리 몸 안의 공기가 지상에서보다 팽창하게 된다. 이로 인해 속이 거북하고 소화가 안 되는 느낌을 가지게 된다.
- 멀미증상이 있으면 불필요한 머리 움직임을 최소화하는 것이 좋으므로 좌석에 머리를 기대어 앉거나 편안하게 잠을 청하도록 권유해 본다.
- 좌석 앞 주머니에 위생봉투(구토봉투)가 있음을 알리고 기내에 멀미약도 준비되어 있음을 안내한다.

항공기 응급처치 장비

구급의료용품 FAK(First Aid Kit)

FAK는 의사의 처방 없이 객실승무원이 사용 가능한 응급장비이다. 모든 항공기에는 수량에 맞게 구급의료용품을 탑재해야 한다(항공법 제125조, 별표21 제5호).

그 내용물로는 멸균거즈, 멸균면봉, 화상 치료용 거즈, 삼각건, 거즈붕대, 부목, 상처 봉합용 테이프, 체온계, 인공호흡 마스크, 암모니아 흡입제, 핀셋, 가위, 손 세정제, 오물처리 봉투 등이다.

EMK(Emergency Medical Kit)

EMK는 승객 좌석 수 101석 이상 항공기에 탑재되며 의료인만 사용할 수 있는 전문 의료용구이다.

그 내용물로는 청진기, 정맥혈류기, 주사기, 주사바늘, 지혈대, 도뇨관, 항균 소독포, 탯줄 집게, 일회용 의료 장갑, 외과용 마스크 등의 의료용품과 아드레날린제, 항히스타민제, 항경련제, 정맥주사용 포도당, 진통제 등의 의료약품이 있다.

이 밖에도 기내에는 심정지된 응급환자의 심폐소생을 위한 자동심장충격기 AED(Automated External Defibrillator)가 있다.

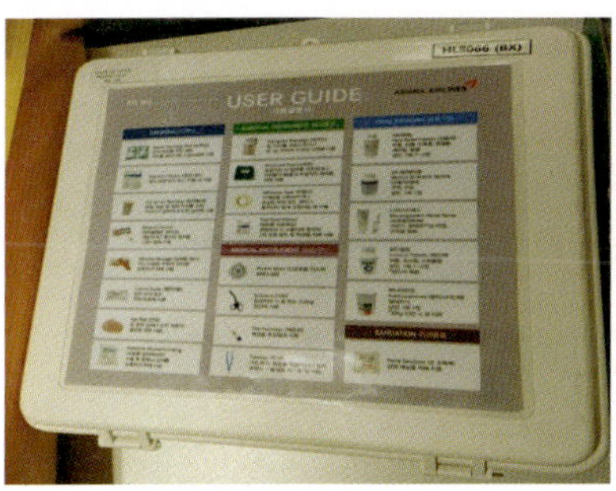

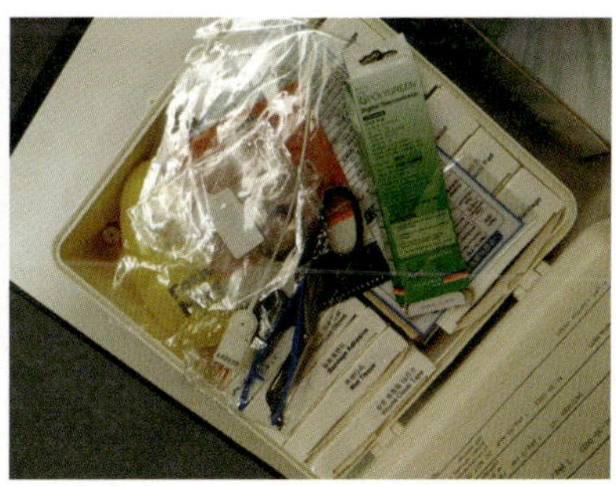

▲ 기내 FAK 내용물

3) 착륙 전 서비스

항공기 착륙 전 객실승무원은 목적지 국가의 입국 서류를 배포하고 작성을 도와드리며, 회수가 필요한 기내 용품을 수거하여 보관하고, 서비스 용품 및 면세품 재고를 확인한다. 또한 안전한 착륙을 위해 이륙 시와 동일하게 객실을 점검한다.

입국 서류로는 입국 카드와 세관 신고서가 있으며 필요 시 검역 질문서를 추가로 요구한다. 검역 질문서는 공항으로 입국하는 여행객들을 통하여 콜레라, 황열, 페스트 등 전염병이 국내로 유입되는 것을 방지하기 위하여 해당 오염 지역으로부터 입국하는 승객과 승무원을 대상으로 작성하는 서류이다. 이 밖에 출입국 관련 서류로는 해외에서 개인의 신분을 증명해 주는 문서인 여권과 방문하는 국가의 입국을 허가하는 공식 문서인 사증이 있다.

객실승무원은 입국 작성 지원을 위해서는 도착지 국가의 출입국 규정을 숙지하여 정확한 안내를 할 수 있어야 한다.

승객 44

승객: "(우리나라 입국) 신고할 거 없는데 세관신고서 작성해야 하나요?"

- 대다수의 나라에서는 모든 방문객이 입국신고서를 작성하도록 되어 있으며, 세관신고서는 나라마다 달리하고 있으므로 도착지 국가의 규정대로 정확하게 안내하도록 한다.
- 우리나라 입국 시 한국인은 입국신고서는 작성하지 않으며 세관신고서(여행자 휴대품 신고서)는 신고물품이 없는 경우에도 반드시 작성하여 제출하며 가족인 경우 가족당 1매로 작성하도록 안내한다.

승객 45

승객: "미국에 살고 있는 아들한테 고춧가루가 비싸다고 해서 좀 가져가는데 그것도 신고해야 할까요?"

- 모든 나라에는 반입금지 품목이 있어 입국 시 제한하고 있다. 미국의 경우도 육류, 과일 및 야채, 식물, 씨앗, 동물 또는 식물 재료로 만든 제품 등은 반입이 금지되고 있다. 그러나 일반적으로 허용되는 식품품목이 있어 반드시 세관신고서에 기재하도록 하며 신고 없이 적발될 경우 벌금이 부과됨을 안내한다.

승객 46

기내 독서물을 회수하는 중 잡지를 다 읽지 않았는데 가지고 가면 안 되냐고 묻는 승객

- 승객에게 서비스하여 소모되는 물품을 제외한 용품은 모두 회수하여 세척 및 점검 후 다시 사용하는 회사의 자산이므로 승객 하기 시 소지할 수 없음을 정중히 양해를 구한다.
- 읽을거리가 필요한 경우라면 승객 좌석 앞주머니에 비치된 항공사 잡지를 대신 권해 본다.

승객 47

승객: "승무원~ 식사하고 나서부터 속이 더부룩한 게 체한 거 같아요. 혹시 손 좀 따줄 수 있어요?"

- 체증이 있을 때 민간요법으로 손가락 끝을 바늘이나 침 등으로 따는 행위를 요청하는 경우이다.
- 요청하신 사항을 해드릴 수 없음을 정중히 설명하고 시원한 음료나 소화제를 권해 본다.

승객 48

승객: "이봐요~ 물 한 잔 달라고 한 지가 언젠데 아직도 안 가져다주고, 뭐가 그리 바빠요!"

- 우선 정중히 사과하고 신속히 물을 제공하며 착륙 준비를 위해 다소 바쁜 상황이었다고 해도 핑계를 대지 않도록 한다.
- 비행 중 승객의 개별적 주문이나 요청사항을 잊지 않기 위해서는 좌석번호와 필요사항을 메모하도록 한다.

승객 49

승객: "승무원~ 내가 급한 일 때문에 빨리 내려야 하는데 저 앞 빈자리에(상위클래스) 가서 앉으면 안 될까요?"

- 우선 승객의 상황에 공감을 해드리고 상위클래스 좌석으로 옮겨 앉는 것은 곤란함을 양해 구한다.
- 거듭 요청한다면 객실 전방 일반석에 빈 좌석이 있는지 확인 후 안내해드리는 것도 방법이다.

승객 50

착륙 전 좌석벨트착용 표시등이 켜져 있는 중 화장실에 가려고 하는 승객

- 이륙 전 준비 단계와 마찬가지로 착륙 전에도 객실승무원은 승객의 좌석벨트 착용 여부와 승객 좌석 등받이, 식사 테이블, 팔걸이 등 모든 설비를 원 위치하도록 안내한다. 특히 좌석벨트착용 표시등이 켜진 상황에서는 곧 착륙을 의미하므로 승객에게 화장실 사용은 착륙 후 이용 가능함을 안내하고 좌석에 앉아 좌석벨트 착용하심을 확인하도록 한다.

2 공항서비스 롤 플레이

항공사는 고객 만족을 위한 품질 높은 서비스로 경쟁력을 강화하고자 하는데 이러한 노력에도 불구하고 승객의 불만은 다양한 요소로 발생한다. 그 중 고객이 불쾌하게 느끼는 것은 직원의 태도에 의한 것으로 나타난다. 여행 중 경험하는 불편은 다소 참을 수 있는 요인이지만 불쾌한 경험은 오랜 시간 동안 잊히지 않고 해당 항공사 이용을 기피하는 요인으로 만들 것이다.

지상직 직원은 항공사를 이용하는 승객이 가장 먼저 만나는 항공사 직원이기 때문에 친절하고 세심한 자세로 고객 응대를 하는 서비스마인드가 필요하다.

승객 1

공항 체크인카운터 근무 중 다가오는 승객

- 고객과의 MOT(Moment of Truth) 순간으로 밝고 정중하게 맞이하는 자세와 대화법을 정리해 보자.
  MOT란 고객이 기업이나 제품에 대한 이미지를 형성하게 되는 15초 내외의 짧은 순간을 의미하는데 이를 통해 서비스의 가치를 결정하게 된다.
- 승객의 항공권, 여권 제시와 가지고 오신 수하물은 저울에 올려놓도록 정중히 요구한다. 승객의 항공권을 받으면 항공편, 목적지, 여행 등급 및 예약 상태를 확인 후 이상이 있는 경우 승객에게 공손히 설명하며 확인한다.
- 이 과정에서는 "죄송합니다만~", "양해해 주신다면~", "번거로우시겠지만~", "괜찮으시다면~" 등의 쿠션 용어 사용과 "~해 주시겠습니까?" 등의 정중한 화법을 사용하면 좋다. 이후 탑승권을 발급해 드리고 수하물의 개수, 무게를 확인하며 수탁한 후 Bag Claim Tag을 승객의 항공권에 부착하고 확인시킨다.

승객 2

승객: "뭡니까~ 지금!! 전화를 수십 번 걸어서 이제 연결이 되고!"
(전화 예약 시 전화연결이 신속히 되지 않는다고 불평하는 고객)

- 화가 난 고객에게는 고객의 말을 중간에 끊지 말고 이야기를 끝까지 듣는 경청의 자세와 불평 상황에 대한 공감이 중요하다. 이후 연결 지연에 대한 사과를 정중히 하며, 이때 지연에 대한 핑계를 둘러 대거나 문의가 많아 어쩔 수 없다 혹은 '자신의 책임이 아니다'라는 식의 태도로 응대하지 않도록 주의한다.
- 업무를 마친 후에는 지연에 대한 사과를 다시 한번 드리며 고객이 전화를 끊고 난 뒤 자신의 전화도 끊도록 한다.

승객 3

승객: "이봐요! 사람을 똑바로 보고 일을 해야 할 거 아니예요."
(공항카운터에서 발권 업무 중 고객과 눈을 마주치지 않고 여권을 받다 떨어뜨려 이에 불만 표출하는 승객)

- 이런 상황은 직원의 태도 실수이므로 정중한 사과가 우선일 것이다.
- 고객 응대의 기본은 시선을 맞추고 밝은 표정으로 맞이하며 상냥한 말투와 정중한 태도로 업무를 처리해드리는 것이다.

승객 4

승객: "그거 몇 kg 초과했다고 돈을 받아요~ 그냥 해 줘요, 내가 여기 마일리지가 얼마나 많은데……."

- 수하물 처리 업무 중 초과수하물이 발생하여 비용을 안내하자 화를 내는 승객이다.
- 고객의 요구대로 한 경우 다른 승객과의 형평성이 문제가 되며 다음 이용 시에도 같은 요구를 할 수 있다. 규정 안내와 정중한 태도가 필요하다.

승객 5

위탁수하물 파손으로 배상 요구하는 고객

- 항공사 수하물은 승객이 기내에 가지고 탑승하는 기내 반입 휴대수하물과 항공사에 위탁하여 맡기는 위탁수하물로 구분된다.
- 기내 반입 휴대수하물의 경우 분실 및 파손의 책임은 승객에게 있으나 위탁수하물의 경우 분실, 파손, 훼손 등이 발생했을 경우, 수하물 수령일 또는 공항 도착일 기준으로 7일 이내에 항공사에 신고해야 하며, 소비자분쟁해결기준에 의거 손해 배상하도록 되어 있다. 그러나 항공사별로 위탁수하물 분실, 파손, 훼손에 대한 세부 배상 규정 및 약관은 상이할 수 있으니 해당 항공사 규정을 정중하게 안내해야 한다. 보통 파손일 경우, 수리비용을 배상하거나 수리가 불가할 경우 대체 캐리어를 제공하고 있다.

국내 K항공사의 경우,

수하물 지연은 도착일로부터 21일 이내에 내용품 분실은 수하물 수취일로부터 7일 이내에 항공사에 신고하도록 되어 있으며, 수하물 도착이 지연되는 경우 도착지에 연고가 없는 고객에게는 1회에 한해 필요한 일용품을 구입할 수 있도록 USD 50 상당의 금액을 지급하고 있다.

승객 6

승객: "내가 급한 개인 사정이 생겨서 취소하려고 하는데, 그리고 아직 출발 91일 이전인데 왜 위약금을 물어야 되고 환불이 왜 안 돼요!!"
(특가 운임 항공권 구매 후 항공권 구매 취소에 대한 위약금에 불만을 제기하는 고객)

- **항공권** 구매 취소 시 출발일로부터 91일 이내인 경우 위약금을 면제할 수 있다. 그러나 취소 불가를 조건으로 일반 운임의 70% 이상 할인이 된 항공권 등을 구입한 경우에는 위약금 면제가 어려우므로 특가 운임의 항공권을 구매하신 경우 구매 당시 고지된 환불 규정이 적용되므로, 항공권 구매 시 운임 조건 및 환불 규정에 대한 안내를 해드리도록 한다.

> 항공권은 다양한 형태로 판매되고 있어 항공사의 여러 마일리지 프로그램이나 다양한 서비스에 대한 전문 지식과 정보를 숙지하여 승객에게 정확하고 전문적인 서비스 제공이 가능하여야 한다.

- 특히 전화상 응대인 경우 규정 설명 시 고객의 연령이나 항공 관련 지식 등의 성향을 고려하여 명확하게 전달될 수 있도록 속도 및 발음에 주의한다.
- 고객이 알고 있는 정보가 잘못되었다 하더라도 "그건 고객님께서 잘못 알고 계신 겁니다!" 등으로 강압적인 어투로 응대하지 않도록 주의한다. 이 과정에서는 '죄송합니다만~', '양해해 주신다면~', '번거로우시겠지만~', '괜찮으시다면~' 등의 쿠션 용어 사용과 '~해 주시겠습니까?' 등의 정중한 화법을 사용하면 좋다.
- 고객과 논쟁하지 않도록 주의한다.

승객 7

탑승수속 진행 중 급하게 서두르는 승객
"빨리빨리 좀 해 주면 안 돼요? 가방엔 아무것도 없어요!!"

- 탑승수속에서의 업무는 여행객 본인이 맞는지 확인 및 여권과 비자 등의 여행 구비 서류 확인, 항공권 유효기간 확인, 좌석 배정, 수하물 접수, 탑승권 발급 등이다.
- 탑승 시간에 임박하게 수속을 하는 승객인 경우는 신속히 처리하는 태도가 필요하겠지만 단순히 승객의 개인 사정에 의한 재촉이라면 반드시 확인해야 하는 사항들에 대한 양해를 구하고 되도록 상냥한 태도로 응대해야 한다.
- 특히 수하물 접수 과정에서 기내 휴대 제한 품목 소지 여부에 대한 확인은 반드시 해야 한다. 이러한 과정은 여행객의 안전을 위한 일이므로 양해를 구한다.

승객 8

한국 공항 입국장에서 세관 검열에 관하여 질문하는 승객
"술은 한 병만 살 수 있다고 해서 기내 면세 판매 때 샀는데 이게 500달러(750mL)구요~ 해외에서 다른 것도 사서 그러는데 괜찮겠죠? 어느 쪽 검사대로 나가야 하나요?"

- 면세란 판매 물품에 부과하는 세금을 면제하는 것이며 면세점은 내국인에게 부과되는 소비세나 수입품의 관세 등을 면제하여 판매하는 보세판매장이다. 이러한 면세점은 공항의 출국장이나 도시의 시내면세점이 있으며 국제선의 경우 기내에서 면세품을 판매하는데 이것도 면세점과 같은 역할을 한다.
- 우리나라에 입국하는 모든 여행자는 세관신고서에 인적사항 및 세관신고사항 등을 기재하여 제출해야 한다. 공항 입국장 세관 검사대는 면세 검사대(그린)와 과세 검사대(레드) 두 군데가 있다. 우리나라 입국 시 여행자 휴대품 면세는 1인당 USD 600 이하이며, 주류 1L(USD 400) 이하의 1병, 담배 200개비, 향수 60mL이다. 이 면세 범위 내 해당하는 여행객, 즉 신고물품이 없는 여행자는 면세 검사대로 통과하며, 휴대품에 신고 대상 물품이 있거나 USD 600 이상인 여행객은 과세 검사대에서 확인을 받는다.
- 승객의 경우 주류 1병으로 면세 허용 수량으로는 맞지만 USD 400 이하의 경우 면세이므로 전체 가격인 USD 500에 대한 과세 대상이다. 과세 검사대에서 신고 후 확인을 받아야 함을 안내한다.
- 술에는 관세 이외에 주세, 교육세, 부가세 등이 부과되며, 술의 종류에 따라 최종적인 세율이 달라진다. 와인의 경우 68%, 브랜디 · 보드카 · 위스키는 156% 정도이다.

승객 9

유모차에 탄 2세 어린이와 5세를 동반한 승객이 Fast Track을 요청하심 (국제선 장거리)

- Fast Track이란 항공분야의 다양한 서비스 요구에 부응하고 여객터미널 혼잡에 따른 교통약자 등에 신속한 출입국 서비스를 제공하고자 만들어진 제도이다. 지원대상은 보행 장애인, 7세 미만 유소아, 80세 이상 고령자, 임산부, 병약 승객 등의 교통 약자와 독립유공자, 기업인(CIP) 카드 소지자 등의 출입국 우대자이다. 이용객은 항공사 체크인카운터에서 이용대상자임을 확인한 후 이용권을 받아 전용출국장을 이용하면 된다.
- 승객의 경우 2세 미만의 유아를 동반하였으므로 기내 유아용 요람(Baby Bassinet)도 신청하였는지 확인해 본다. 유아용 요람은 체중 11kg 이하, 신장 75cm 이하의 경우 이용 가능하다. 유모차의 경우 세 변의 합이 115cm를 초과하는 경우, 탑승수속 시 또는 탑승구까지 사용할 수 있으며 위탁수하물로 보내야 함을 안내한다.

- 국내 K 항공사의 경우, 유아의 국제선 수하물 허용량은 접이식 유모차, 카시트 각 1개와 가로×세로×높이의 합이 115cm 이하인 수하물 1개이며, 국내선의 경우는 접이식 유모차, 카시트 각 1개이다. 단, 접었을 때 100×20×20cm 이내 일자형으로 완전히 접히는 우산 타입(Type) 휴대용 유모차는 기내 반입이 가능하다.

승객 10

기내에 휴대폰을 두고 내렸다고 당황하는 승객

- 우선 승객의 안타까운 상황에 공감을 해드린 후 유실물을 찾을 수 있는 방법에 대해 차분히 설명을 드리도록 한다.
- 항공사 홈페이지 혹은 항공사 모바일 앱에서 유실물 조회가 가능하다. 인천공항의 경우, 핸드폰은 2주간 보관 후 한국정보통신진흥협회의 '핸드폰 찾기 콜센터'로 인계되며 기타 습득물은 30일간 보관 후 폐기된다.

항공사서비스 롤 플레이

CHAPTER 05

항공 용어 이해

CHAPTER 05

항공 용어 이해

1 항공객실 용어

··· A ···

A/C Aircraft

항공기란 비행기, 글라이더, 헬리콥터, 비행선, 기구 등 사람이 탑승하는 모든 비행체를 말한다.

ACL Allowable Cabin Load

AED Automatic External Defibrillator

자동심장충격기는 규칙적인 심장박동을 회복시키기 위하여 흉벽을 통해 전기충격을 심장에 전달하는 장치이다. 객실승무원도 비행 중 발생할 수 있는 응급환자대처를 위한 교육을 받고 있다.

Air Bleeding

본뜻은 연료 및 유압의 공급을 원활하게 하기 위하여 연료통 및 유압 계통에 유입된 공기를 빼주는 것을 말한다. 기내에서는 처음 워터 보일러나 커피메이커의 뜨거운 물을 이용할 때 공기방울이 튀어 화상을 입지 않도록 하기 위하여 사용 시 공기를 빼주는 작업을 의미한다.

Airline Ticket 항공권

항공사나 여행사에서 여행객이 항공기에 탑승하여 목적지까지 갈 수 있도록 유상 구입했음을 증명해 주는 전자기록이다.

Air Show

비행 고도, 속도, 항공기 외부 온도, 도착 예정 시간, 목적지 현재 시간, 목적지까지의 소요 시간 등 비행 노선에 관한 다양한 정보를 실시간 보여주는 전자정보시스템을 말한다.

Air Sickness 비행기 멀미

항공기를 이용할 때 발생하는 어지러운 증상을 말하며 호흡 곤란 및 두통이 동반되기도 한다.

Aisle Seat 기내 통로 측 좌석

ALGY Allergy: 알레르기가 있는 승객

Altitude 고도

항공기가 운항하는 높이를 말한다. 보통 국제선의 경우 38,000ft 이상의 고도로 비행하는데 이는 약 12km의 높이다.

AP Assistant Purser

객실승무원 직급의 하나로 객실사무장을 뜻하는 Purser의 업무를 보조해 주는 역할을 하는 보조 사무장이라는 의미이다.

Aperitif

식욕 증진제라는 의미의 프랑스어로 식사 전에 입맛을 돋우기 위해 마시는 주류를 포함한 음료이다.

Appetizer

코스요리에서 가장 먼저 제공되는 식사로 일반적으로 신맛과 짠맛을 주어 입안의 침샘을 자극하여 식욕을 촉진하는 역할을 한다.

Attendant Call Button

비행 중 객실승무원의 도움이 필요한 경우 호출하는 버튼으로 AVOD의 리모컨상이나 선반 위 PCU, 화장실 안에 위치해 있다. 사용 후에는 다시 리셋하도록 한다.

AVIH Animal in Hold

여행객과 동반하는 반려동물로 개, 고양이, 애완용 새는 생후 8주 이상 기내 반입 동반이 가능하며 생후 16주 이상부터는 화물칸에 동반 여행이 가능하다. 기내 반입은 한 마리까지 가능하다. 반려동물 허용 규정은 국가별로 상이하다.

AVOD Audio Video on Demand

기내에서 영화나 음악 등 엔터테인먼트를 스트리밍 혹은 다운로드 방식으로 전송하여 원하는 시간대에 원하는 매체를 볼 수 있도록 하는 시스템이다.

B

Baby Bassinet 유아 요람

항공기 객실 내 격벽에 설치하여 아기를 눕힐 수 있는 유아 요람으로 국내항공사에서는 체중 11~14kg 이하, 신장 71~76cm 이하의 유아에게 국제선에서 제공하고 있다.

이륙 후 순항 고도에 이르러 좌석벨트 표시등이 꺼지면 장착하며 착륙 전에 탈착하고 유아는 보호자가 안도록 안내한다.

BBML Baby Meal

BGM Background Music

항공기에 승객이 탑승하거나 하기 시 제공되는 기내음악이다. 보통 3~4곡의 클래식 음악이 준비되어 있으며 항공사의 특색을 담은 음악이 선곡되기도 한다.

Bonded Area 보세구역

수입 화물에 대하여 「관세법」에 의해 관세부과가 유보되는 지역으로 지정지역, 보세창고, 보세공장 등이 포함된다.

Block Time

항공기가 비행하기 위해서 스스로 움직이기 시작해서부터 목적지에 도착하여 주기장에 완전히 정지할 때까지의 시간이다.

Boarding Pass 탑승권

탑승자의 성명, 편명, 출발일, 좌석 번호, 탑승구, 마일리지 등이 기재되어 있는 종이로, 유상 구입한 항공권과는 달리 단순한 탑승 관련 정보가 담긴 문서이다. 탑승권의 종류는 일반적인 종이탑승권과 전자 출력 탑승권, 모바일 탑승권이 있다.

Brandy

브랜디는 와인을 증류한 술로 프랑스 Cognc 지방에서 생산되는 브랜디를 생산지명을 사용하여 '꼬냑'이라고 부르며, 그 이외 지역에서 생산된 것을 브랜디라고 한다.

Bulkhead 격벽

기내 구역을 구분하기 위한 칸막이 벽 구조물이다. 이 구조물 앞의 좌석을 Bulkhead Seat이라 하며 다른 승객 좌석보다 간격이 넓은 편이다.

··· C ···

Cabin Briefing 객실 브리핑

객실승무원이 비행 전 승객 및 서비스 관련 정보를 점검하고 회사의 최신 공지 등을 전달하는 회의라고 할 수 있다.

Cabin Crew 객실승무원

항공기 객실에 탑승하여 목적지까지 승객의 안전과 서비스를 제공하는 역할을 하는 승무원이다.

Captain 기장

Catering

식음료, 기물, 서비스 용품 등을 만들거나 항공기에 탑재하는 작업 혹은 운영 회사를 말한다.

Cargo Manifest

항공기에 적재한 화물의 목록이다.

Caviar 캐비아

캐비아는 철갑상어의 알을 염장하여 일정기간 숙성시킨 것으로 러시아에서 비롯된 음식으로 보관에 특히 주의해야 하며 주로 차갑게 생으로 먹는다. 기내에서는 일등석에서 서비스하고 있다.

CDL Cabin Discrepancy List

비행 중 객실에서 고장 난 설비 및 장비를 기록하는 서류이다.

Chaser 체이서

독한 술 뒤에 마시는 음료라는 의미로 물, 탄산음료, 우유, 이온음료 등이 이용된다.

CHLD Child: 어린이 승객

CHML Child Meal

Choking 기도폐쇄

폐로 통하는 통로인 기도가 염증 또는 이물질 등의 이유로 폐쇄된 현상으로 비행 중 갑작스러운 환자발생이 생길 수 있다.

CMS Cabin Management System

Cockpit

항공기 조종실로 Flight Deck라고도 한다.

Cockpit Crew 운항승무원

기장과 부기장, 항공기관사 등 조종실에 탑승하는 승무원이다.

Cocktail

칵테일은 두 가지 이상의 음료를 섞어 마시는 알코올음료로 알코올 도수가 낮아 식욕을 증진시켜 주는 음료이다.

Crew Bunk 승무원 휴식 공간

장거리 비행 중 객실승무원이 교대로 휴식을 취할 경우 사용하는 공간으로 보통 객실 후방에 위치하며 기종에 따라 객실 중간 하단 지하에 있기도 하다. 객실승무원이 누워 쉴 수 있는 간이침대와 비상장비 등이 갖춰져 있다.

Cutlery

나이프, 포크, 스푼 등의 식사용 기구를 말한다.

CVR Cockpit Voice Record

조종사의 대화를 포함한 Cockpit 안의 모든 음성을 녹음하는 비행기록 장치 중의 하나이다.

••• D •••

DBML Diabetic Meal: 당뇨식

Decompression 감압

기내는 여압장치로 지상과 비슷한 압력을 유지하는데, 이 여압장치의 고장이나 항공기의 물리적 손상으로 기내 압력이 감소되는 것을 의미한다.

Debriefing

객실승무원이 비행 종료 후 비행 중 돌발 상황 관련 보고 등 비행 중 업무에 대한 특이점이나 개선사항 등을 상호 교환하는 브리핑이다.

Deportee 추방자

Diabetic Meal 당뇨식

항공사에서는 종교, 건강, 연령 등의 이유로 항공사에서 제공하는 성인 기내식을 취식하지 못하는 승객을 위한 특별 기내식을 사전 주문 받는다. 당뇨식은 열량, 단백질, 지방, 당질의 섭취량을 조절하는 동시에, 식사량의 배분, 포화지방산의 섭취 제한 등을 고려하여 만든 식사이다.

Diversion 회항

항공기가 이륙한 후에 항공기의 기술적 문제 발생, 기내위급환자 발생, 목적지 공항의 기상 악화 등의 이유로 원래 계획한 목적지 공항이 아닌 다른 공항 혹은 출발지 공항을 목적지로 비행계획을 바꾸는 것을 말한다.

Ditching 비상 착수

항공기가 비상상황으로 바다나 강, 호수에 착륙하는 것을 말한다. 구명조끼를 입은 승객들은 객실승무원의 지시에 따라 신속히 구명보트에 올라 구조를 기다린다.

Doctor Paging

기내에서 응급환자가 발생했을 때 탑승객 중 의사 혹은 의료종사자가 있는지 도움을 청하는 방송이다.

Door Operation Handle

항공기 Door를 열고 닫을 때 사용하는 손잡이 형태의 장비이다.

··· E ···

Economy Class 일반석

항공사는 보통 일등석, 이등석, 일반석으로 클래스를 구분하여 항공요금, 물적 서비스의 차별화를 하고 있다.

Emergency Power Off Switch 비상전원차단장치

갤리(Galley) 내 화재 발생 시 해당 갤리의 모든 전원을 한 번에 차단시키는 장치이다.

EMK Emergency Medical Kit

기내 응급상황에 대비하여 비치된 의약보관함으로는 Medical Kit, First

Aid Kit, EMK가 있다. 이 중 하나인 EMK는 응급 환자 발생에 대비하여 간단한 수술 도구가 내장된 의료보관함으로 의료 전문인만이 사용할 수 있다.

Escape Slide

비상 탈출용 미끄럼틀로 항공기 Door 하단에 내장되어 있어서 비상 시 객실승무원이 항공기 Door를 열면 지상이나 바다수면까지 자동으로 팽창되어 펼쳐진다. 이러한 과정을 위해 객실승무원은 이륙 전 Slide Mode를 '팽창' 혹은 'Armed' 위치로 바꾸어야 하며, 반대로 안전하게 목적지에 도착했을 때는 '정상' 혹은 'Disarmed' 위치로 하는데 이를 Slide Mode Check라고 한다.

… F …

Foie Gras

푸아그라는 거위나 오리의 간으로 만든 프랑스 요리이다.

FMO Final Meal Order

Catering에 항공기 출발 6시간 전 최종 주문을 하는 것이다.

Fuselage 항공기 동체

… G …

Galley

항공기 내 주방으로 기내서비스를 준비하고 서비스 용품이 보관되는 장소이다.

갤리에는 빵이나 식사를 데우는 오븐(Oven), 뜨거운 물을 저장하는 워터 보일러, 커피메이커, 서비스 용품이나 Cart류를 보관하는 Compartment, 비행 중 나오는 쓰레기를 담는 압축 Trash Compactor 등 각종 장비와 설비작동패널(Panel) 및 보관 공간이 있다.

Girt bar

Escape Slide를 항공기 바닥에 고정시키거나 분리시키는 스테인리스 막대기이다.

Giveaway 증정품, 선물

국제선 장거리를 운항하는 항공사에서는 상위클래스와 어린이 승객을 위한 선물을 제공하고 있다.

··· H ···

HVS Hyperventilation Syndrome: 과호흡증후군

Hypoxia 저산소증

··· I ···

IATA International Air Transport Association

1945년 세계 주요 항공사들이 결성한 국제항공운송협회로 국제선 운임, 주요 국제공항의 운영 시간 조절, 공항 시설 사용료, 국제선 운임 조정권 등을 협의하는 민간기구이다.

ICAO International Civil Aviation Organization

1947년 세워진 국제민간항공기구로 비행의 안전 확보, 항공기술 향상, 항

공로 및 항공시설 발달을 목적으로 하는 정부 간 국제기구이다. 우리나라는 1952년에 가입하였다.

Immigration 출입국심사

INFT Infant: 0~2세 미만의 유아

IFS Inflight Sales: 기내 면세품 판매

IRR Irregular: 비정상적인 것

ISPS In Seat Power Supply

비행 중 전자기기 사용을 위한 전원공급 장치

IVS Individual Video System

승객 좌석에 설치된 개인용 모니터를 이용하여 기내 엔터테인먼트를 즐길 수 있도록 한 시스템이다.

··· J ···

Joint Briefing 합동브리핑

운항승무원과 객실승무원이 함께하는 브리핑으로 기장이 주관하며 해당 비행의 날씨, 승객, 비행시간 등의 일반적 비행정보와 비정상적 상황에서의 대처와 조종실 출입 절차 등의 안내를 한다.

Jump Seat

기내에 객실승무원이 착석하는 의자이다. 사용하지 않을 때는 자동으로 접히고 사용 시 펼치는 형태이며, 비상시 승무원의 역할 수행을 위해 대부분 모든 비상구 옆에 위치하며 기종에 따라 Galley 안에 있기도 하다. 한 명의 승무원이 앉는 Single Jump Seat와 두 명의 승무원이 착석하는 Double Jump Seat가 있다.

Jump Seat 주변으로는 기내 조명과 온도, 기내 음악 등 각종 시스템 조절 장치와 인터폰, 비상시 사용하는 소화기, 산소통, 비상 장비, 손전등(Work Light) 등 비상 장비가 비치되어 있다.

··· L ···

Landing Gear 착륙장치

항공기가 이착륙을 하거나 지상 활주 또는 계류하고 있을 때 항공기 자체의 무게를 지지하는 구조물이다. 항공기의 외부구조는 동체(Fuselage), 날개(Wing), 엔진(Engine), 착륙장치(Landing Gear)로 구성되어 있다. Landing Gear는 Nose Gear와 Main Gear로 이루어진다.

Lavatory 화장실

항공기 화장실 문은 일반적인 문 형태와 같이 손잡이를 당겨서 여는 일체형 Solid Type과 손잡이 없이 문의 가운데 부분을 밀면 반으로 접히며 열리는 Bi-Folding Type 두 가지가 있다. 화장실을 이용할 때에는 화장실 문에 있는 Indicator를 통해 다른 승객이 사용 중인지 여부를 알 수 있는데 'OCCUPIED'라고 되어 있는 경우는 안에 승객이 있는 것이며, 비어 있을 때는 'VACANT'라 표시된다.

LCML Low Calorie Meal: 저열량식

체중조절, 식이조절 등의 이유로 열량을 제한한 기내식이다.

LFML Low Fat Meal: 저지방식

콜레스테롤 함량이 높은 고지방 육류, 농축된 육수, 계란 노른자, 갑각류 등을 사용하지 않고, 저지방 육류, 저지방 생선 등의 재료로 만든 기내식이다.

LSML Low Salt Meal: 저염식

염분을 낮춘 기내식이다.

Life Vest 구명복, 구명조끼

바다나 호수, 강 등에 비상 착수하였을 때 착용하게 되는 구명복으로 승객은 노란색이며 객실승무원은 오렌지색이다.

··· M ···

M/D Main Deck

기내의 주가 되는 객실로 2층인 Upper Deck가 있는 기종이라면 1층 공간이 Main Deck가 된다.

Main Dish 주 요리

서양식 코스요리에서 주가 되는 식사이다. 육류, 생선, 가금류 등이 이용된다.

Main Door

항공기 왼쪽의 첫 번째 문으로 승객의 탑승과 하기 시 사용된다.

Main Wing

항공기의 주 날개로 양력발생과 연료가 저장되어 있는 곳이다.

MAS Meet & Assist Service

항공사의 특별 고객에 대한 공항 영접 및 지원하는 행위이다.

Medical Kit

객실 내 승객 부상 시 객실승무원이 사용하는 의약보관함이다.

··· O ···

Overhead Bin 선반

항공 기내 승객의 기내 반입 수하물을 보관하는 공간으로 좌석 상단에 설치되어 있다. 또한 일부 선반에는 기내 비상 장비가 보관되어 있기도 하다.

Oxgen Mask 산소마스크

비행기에는 비상 시 객실승무원 및 승객에게 산소를 공급하기 위한 장비가 있으며 그 중 산소마스크는 승객 머리 위 선반 속에 내장되어 있다. 기내여압장치 문제로 기내 산소가 부족해지면 자동으로 Dropping 된다. 이러한 내용은 이륙 전 지상에서 객실승무원 혹은 모니터 영상을 통해 Safety Demonstration을 통해 안내하고 있다.

··· P ···

PA Public Address

PA는 소리를 확대한다는 의미로 운항승무원과 객실승무원이 객실 전체 승객에게 정보를 전하는 기내방송이다.

Passenger Call Button

비행 중 승객이 승무원의 도움이 필요할 때 사용하는 버튼으로 좌석 팔걸이 혹은 모니터의 PCU에 있고 소형기의 경우는 좌석 위 상단에 위치하며 화장실에도 설치되어 있다.

PAX Passenger: 승객

PBE Protective Breathing Equipment

호흡 보호 장비 PBE는 기내 화재나 연기 발생 시 객실승무원이 안전하게 진압할 수 있도록 하기 위한 장비로 미국 FAA는 민간 항공기에 PBE를 준비해 둘 것을 법으로 규정하고 있다.

PCU Passenger Control Unit

좌석 팔걸이에 있는 좌석을 뒤로 젖힐 수 있는 조절 버튼, 승무원 호출 버튼, 오디오 조절 버튼, 일부 기종의 전화 버튼 등의 기내 편의시설 조정 장치 등을 말한다.

Purser 객실 사무장

비행 중 객실서비스를 비롯하여 전반적인 객실 업무를 지휘, 책임지는 객실책임자의 직급이다.

Push Back

항공기가 자체 추력에 의하지 않고 항공기에 특수차량을 연결하여 차량 동력에 의해 항공기를 뒤로 밀어내는 작업이다.

••• R •••

Restraint Bar

좌석 하단의 금속 막대로 승객의 휴대수하물이 이륙 및 착륙 시 미끄러지지 않도록 해 준다.

Resuscitator Bag

인공호흡을 실시할 때 사용하는 보조기구로 환자의 호흡을 유도하고 산소를 추가적으로 공급하기 위하여 사용되며 청진기, 얼음주머니, 혈압계, 체온계 등이 들어 있다.

… S …

Safety Demonstration

비상 때 승객이 사용하게 될 비상구 위치, 좌석벨트, 산소마스크와 구명복에 대한 사용법을 설명함으로써 예기치 않은 기류 변화 등 비상사태에 대비하도록 객실승무원이 직접 시범을 하거나 비디오 상영을 통해 안내하는 것으로 Passenger Briefing이라고도 한다.

Seat Pitch

항공기 좌석 앞뒤 간의 간격을 말한다. 항공사별, 클래스마다 좌석 간 간격은 상이하다.

Ship Pouch

승객 명단, 화물 목록, 출입국 관련 서류 등 각종 항공기 출입항 관련 서류를 담은 가방을 말한다.

Show Up

객실승무원이 할당 받은 비행 근무를 위해 지정된 시간 내에 출근하여 양식에 서명하거나 회사 그룹웨어에 로그인하여 출근 체크하는 것을 말한다.

SHR Special Handling Request

승객의 인적사항, 특별 서비스 요구사항, VIP, CIP, UM, TWOV 등 탑승객에 관한 정보가 기재된 서류이다.

Slide Mode Check

비행 중 비상사태가 발생하여 승객을 외부로 신속히 탈출시키기 위한 미끄럼틀인 Escape Slide를 자동으로 팽창시키거나 안전하게 목적지 도착 후 자동 팽창을 해지하기 위하여 Door Lever를 변경하는 작업을 말한다.

Smoke Detector 연기 감지기

연기를 감지하여 기내 화재 방지를 위한 것으로 Galley, 화장실 쓰레기통 안, 위탁수하물이 탑재된 Cargo에 설치되어 있다.

Special Meal 특별 기내식

항공사에서 승객의 건강, 종교, 연령 등의 이유로 성인식을 취식하지 못하는 경우를 위해 만드는 식사이다.

Sterile Cockpit 비행중요단계

고도 10,000ft에서 운항하는 모든 비행 단계를 말하며 객실승무원은 이 단계에서 조종실에 연락을 하는 등의 운항승무원을 방해하는 어떠한 행동을 해서는 안 된다. 단, 항공기 안전운항에 지장을 주는 상황이 발생한 경우는 즉시 운항승무원에게 보고를 해야 하므로 예외이다. 객실승무원 또한 비행중요단계인 이륙 및 착륙 시점에서 '30 Second Review'를 통해 만일의 비상상황에 대비한 신속한 행동요령을 머릿속으로 리뷰하도록 되어 있다.

STCR Stretcher Passenger

앉아서 이동이 어려운 몸이 불편한 승객에게 안전하고 편안한 여행을 위해 의료용 침대를 제공하고 있다. 이러한 승객은 건강상태가 심각한 경우가 많으므로 비행 중에도 수시로 건강상태를 살펴야 한다. 보통은 보호자나 의료인이 동반한다.

간이 침대인 Stretcher는 출발 전 예약을 해야 하며 출발 당일에는 승객 좌석 6개를 눕혀 간이침대를 올릴 수 있도록 설치 작업을 하고 탑승 시에 가장 먼저 탑승하나 하기 시에는 가장 나중에 하기한다.

··· T ···

Table D'hote

서양식의 정식 요리를 뜻하는 프랑스어로 영어로는 Full Course이다.

Taxiing 지상 활주

항공기가 자력으로 이륙지점까지 이동하거나 착륙 후 지정된 지점까지 이동하는 것을 말한다.

Taxiway

공항에서 주기장과 활주로를 잇는 유도로를 의미한다.

Towing

항공기가 자력으로 움직일 수 없는 경우 주기장에서 Taxiing을 할 수 있는 부분까지 밀어주는 작업을 말한다.

Towing Car

항공기를 Towing 하는 견인차를 말하며 Towing Tractor라고도 한다. 항공기는 자력으로 후진하지 못하므로 활주로를 향해 방향 전환이 가능한 유도로 지점까지 항공기의 Nose Gear를 뒤로 미는 작업을 하는데, 이를 Push Back이라고 한다.

Transit

비행기가 유지보수, 급유, 케이터링 등의 이유로 경유지에서 1~2시간 주기하는 것으로 비행편의 최종 목적지로 가는 승객은 항공기에서 하기 후 대기했다가 다시 탑승하게 된다.

··· U ···

UM Unaccompanied Minor

보호자 없이 혼자 항공기에 탑승하여 여행하는 만 5세~만 12세 이하 어린이로 비동반소아라 부른다.

UPK Universal Precaution Kit

비행 중 질병 전염의 가능성이 있는 물질 혹은 혈액을 안전하게 처리하고 그로 인한 감염을 예방하기 위한 의료용구이다. UPK 안에는 일회용 보호장갑, 마스크, 보호용 앞치마, 응고제, 살균제 등이 있다.

Upper Deck 객실 위 층

··· V ···

Valsalva

코와 입을 막은 상태에서 배에 힘을 주면서 강하게 숨을 내쉬려는 방법으로 항공여행 중 겪는 압력 차에 의한 코 막힘이나 귀가 먹먹한 상태일 때 통증 완화에 도움이 된다.

VGML Vegetarian Meal: 채식주의자 식단

VLML Vegetarian Lacto-ovo Meal

VGML과 유사하지만 계란 및 유제품은 사용 가능한 식사이다.

VOML Vegetarian Oriental Meal

중국식으로 준비된 동양식 채식주의 식사이다.

Viewing Window

항공기 Door에 장착된 것으로 항공기 외부를 확인할 수 있는 작은 창문

형태의 설비이다.

Vital Sign 활력징후

응급환자 승객의 체온, 호흡, 맥박, 혈압 등의 측정값을 의미하며, 이를 통해 건강상태의 변화를 알 수 있다.

… W …

Walk Around 객실 순회

승객이 휴식을 취하는 동안 객실 안전과 편안한 여행을 위하여 주기적으로 객실을 순회하는 것을 말한다.

Wide Body 광동체

여객기 중 Aisle(통로)가 2개이며 승객을 300명 이상 탑승시킬 수 있는 대형 항공기를 말한다. 대표적으로 B747, B777, A380 등이다. 반대 의미는 Narrow Body로 대표적 기종은 B737, A320, A220 등이다.

Window Seat 창가 좌석

Window Shade 창문 커튼

항공기 이륙 및 착륙 시에는 창문 커튼을 모두 열어야 한다.

Winglet

비행기 날개 끝에 부착되어 있는 작은 수직 날개로, 날개 끝에 발생하는 소용돌이에 의한 유도항력과 항력을 감소시켜 연료절감에 효과가 있다.

2 항공여객운송 용어

··· A ···

A/C Aircraft: 항공기

Agent 항공권 판매 대리점

Airbus

Airbus Company는 다국적 연합이 설립한 항공우주 및 항공기 제작 및 항공우주산업체로 본사는 프랑스 Toulouse에 있다. 세계 최대 크기인 380과 350, 330, 320, 220 기종을 생산하고 있다.

Air Fare 항공요금

Airline Code

국제민간항공협약에 따라 각 국제 항공사에게 부여되는 고유의 식별코드로 IATA에서는 2 Letter Code로 ICAO에서는 3 Letter Code로 사용한다. 대한항공의 경우 KE/KAL이다.

Airport Terminal 공항터미널

공항에서 비행기를 타고 내리는 건물의 명칭으로 구성은 여객터미널과 화물터미널, 활주로, 계류장 등이 있다. 여객의 출입국 편의를 위해 항공사, 공항 당국, 정부기관 등의 공항 업무를 위한 시설이 구비되어 있다. 여객터미널은 출발 층과 도착 층으로 구분되어 있고 보통 출발 층은 2층 이상에, 도착 층은 1층에 위치한다. 화물터미널은 공항에 인접하여 있으며 세관 및 동식물 검역 시설, 항공화물 회사 등이 갖추어져 있다.

Aisle Seat 항공 기내의 통로 쪽 좌석

Apron 주기장

항공기에 승객 탑승, 수하물 탑재, 급유 등을 하기 위해 출발 전이나 착륙 후 활주로에서 유도되어 온 항공기가 정지하는 장소로 공항의 기본 시설 중 하나이다.

APU Auxiliary Power Unit: 보조 동력원

전력과 공기압 등 항공기를 작동하는 데 필요한 동력을 발생시키는 보조 엔진으로 항공기가 지상에서 엔진을 작동할 때 사용한다.

A/P Assistant Purser: 부사무장, 보조 사무장

객실승무원의 직급으로 객실사무장을 보조하는 임무를 맡는다.

ASP Advance Seating Product

항공편 예약 시 원하는 좌석을 미리 지정할 수 있도록 한 사전 좌석 배정 제도이다.

ATC Air Traffic Control

항공교통의 안전과 흐름을 원활하게 하기 위한 항공 교통 관제 업무. 이러한 업무를 보는 사람을 항공 교통관제사라고 한다.

ATCT Air Traffic Control Towers

ARS Advanced Response System

국내선 및 국제선 항공기의 당일 정상 운항 여부와 좌석 현황을 전화로 알아볼 수 있는 자동 음성 응답 시스템이다.

AVIH Animal in Hold

항공기 화물칸에 실리는 반려동물

AVOD Audio Video on Demand

기내에서 영화나 음악 등 엔터테인먼트를 스트리밍 혹은 다운로드 방식

으로 전송하여 원하는 시간대에 원하는 매체를 볼 수 있도록 하는 시스템이다.

••• B •••

Baby Bassinet 유아 요람

항공기 객실 내에 설치하여 아기를 눕힐 수 있는 유아 요람으로 국내항공사에서는 체중 11~14kg 이하, 신장 71~76cm 이하의 유아에게 국제선에서 제공하고 있다.

Baggage 수하물

여객이 휴대하거나 탁송을 의뢰한 물품을 말한다.

Baggage Tag 수하물 표

위탁수하물의 운송을 위하여 항공사가 발행하는 증표이다.

BLND 시각장애승객

Block

특정 승객을 위한 용도로 좌석을 미리 확보하는 것을 말한다.

Block Time

항공기가 비행을 목적으로 최초로 움직이기 시작한 시각부터 비행이 종료되어 최종적으로 정지한 시각이다. 항공사에서 제공하는 Timetable의 항공편 출발 및 도착 시간의 기준이 되기도 한다.

Boarding Bridge 탑승교

Boarding Pass 탑승권

비행기, 배, 기차 등 운송수단에 탑승할 수 있도록 발급하는 증명서로 항공사에서의 탑승권은 탑승수속 단계에서 발급받아 수속 시 제시해야 한다. 탑승권에는 탑승객의 이름, 좌석 번호, 항공편명, 출도착지 및 시각, 탑승구 및 탑승 시각 등이 기재되어 있다. 탑승권의 종류는 종이 탑승권, 모바일 탑승권, 일부 국가에서 사용하기 시작한 디지털 탑승권이 있다.

Boarding Time 탑승시간

Boeing

보잉 Company는 세계 최대 항공기 제작회사이다. 미국 시카고에 본사가 있으며 747-8, 777, 787, 767, 737 등의 기종을 생산하고 있다.

Bulkhead 칸막이 벽

기내 구역을 구분하기 위한 칸막이 벽 구조물이다. 이 구조물 앞의 좌석을 Bulkhead Seat이라 하며 다른 승객 좌석보다 간격이 넓은 편이다.

Business Class 이등석

비행기 좌석등급으로 일등석과 일반석 사이의 등급이며 그 명칭은 항공사마다 상이할 수 있다.

··· C ···

Cabin 항공기 객실

Cabin Crew 객실승무원

Carrier 항공회사, 항공사

Catering

항공사, 호텔, 병원 등에 식음료를 제공하는 회사 및 그 업무를 의미하는 것이다. 항공사의 경우 자체적으로 기내식사업을 운영하거나 전문회사에 위탁하여 기내식음료 및 기내 용품 등을 제공받고 있다.

CBBG Cabin Baggage

첼로, 비올라 등과 같이 부피나 무게가 큰 수하물을 안전하게 운송하기 위하여 승객 옆 한 자리를 추가로 배정하는 항공예약코드이다.

Charter Flight 전세기

특정 구간을 정기적으로 운항하는 정기편 항공운송이 아닌 운항 구간, 시기, 스케줄 등이 부정기적인 항공운송 형태를 말한다.

Checked Baggage 위탁수하물

여객이 항공사에 탁송을 의뢰하여 수하물 표를 발행한 물품이다. 위탁수하물 이외의 물품은 Unchecked Baggage(휴대수하물)라고 한다.

Check In 탑승수속

여행자가 공항의 항공사 카운터에서 항공권, 여권을 제시하고 탑승권을 받으며 위탁수하물을 처리하는 과정이다.

C.I.Q

Customs(세관검사), Immigration(출입국), Quarantine(검역)의 약어로 항공이나 배를 이용하여 공항 및 항만으로 출입국 시 반드시 거쳐야 하는 3대 수속을 말한다.

Customs는 세관 공무원이 검열을 하여 해당 국가의 면세 통관 기준을 넘는 사항에 대한 관세를 부과하는 과정이다.

Immigration은 출입국 관리 공무원이 여행자의 신원과 여행 목적, 비자 소지 여부를 확인하고 출입국을 허가하거나 제한하는 과정이다. Quarantine은 자국 내 생태계를 위협하는 해충이나 전염병 등을 차단하기 위한 것으로 식물 검역과 동물 검역으로 나눈다.

CM Cargo Manifest

관계당국에 제출하기 위해 항공기 등록 번호, 비행편수, 화물 개수, 중량, 품목 등 탑재된 화물의 상세한 내역을 나타내는 적하 목록이다.

Cockpit 조종실

Cockpit Crew 운항승무원

Code Share 편명 공유

항공사가 서로 좌석을 공동 판매하며 노선을 공동으로 운영하는 제휴방식이다. 제휴한 상대 항공사의 일부 좌석을 할당 받아 자신의 항공사편명으로 판매하여 수익을 올리고 운항편을 확대할 수 있다는 장점이 있다.

Connection Time Interval

여객의 여정에 연결편이 있을 때 연결 항공편으로 갈아타는 데 필요한 시간을 의미한다.

CRS Computer Reservation System

항공사, 호텔, 철도, 해운에 이르기까지 여행객의 예약을 비롯하여 여행의 모든 정보를 제공하는 컴퓨터 예약시스템이다.

토파스, 아바쿠스, 아마데우스, 갈릴레오 등이 이에 속한다.

… D …

DBC Denied Boarding Compensation

항공사의 초과예약으로 인해 예약 확정을 받은 여행객이 해당 항공편에 탑승하지 못하게 되는 경우 항공사측에서 주는 보상금을 말한다.

DEAF 청각장애승객

DEPA Deportee Accompanied by an escort

정부기관 호송관이 동행하는 추방자를 말한다.

DEPU Deportee Unaccompanied

정부기관 호송관이 동반하지 않은 추방자를 말한다.

De-icing

항공기 동체에 쌓인 서리나 얼음, 눈 등을 제거하는 작업이다. 얼음을 제거할 수 있는 용액을 고압으로 분사하여 처리한다.

Direct Flight 중간 기착지 없이 목적지까지 바로 가는 직항노선

Diversion 회항

항공기가 공항에서 이륙한 후 원래 계획한 목적지 공항에 정상적으로 착륙할 수 없는 상황으로 다른 공항 혹은 출발지 공항을 목적지로 비행계획을 바꾸는 것을 말한다.

회항의 이유는 항공기의 기술적 문제나 기내에서 환자 발생 등의 위급상황 발생 혹은 목적지 공항의 기상, 안전보안 등의 상태가 좋지 않은 경우이다.

Domestic Flight 국내선

Double Booking 중복 예약

동일 여행객이 동일 노선에 두 번 이상 중복하여 예약한 것을 말한다.

··· E ···

Economy Class 일반석

Economy Fare 일반석 운임

E/D Card 출입국 카드, 출입국신고서

Embarkation, Disembarkation의 약어로 Embarkation이란 비행기나 선박에 탑승, Disembarkation은 하기의 의미로 각 나라에 출국과 입국 시 작성하여 제출해야 하는 서류이다.

E-Ticket 전자 항공권

ETA Estimated Time of Arrival

도착예정시간으로 항공기 운항 속도로 이동 시 목적지에 몇 시에 도착할 것인지를 표시하는 것이다.

ETD Estimated Time of Departure, 출발예정시간

Enterance Visa 입국사증

Excess Baggage Charge

비행기 탑승 시 허용되는 무료 수하물을 초과한 수하물 운송에 대한 요금이다.

EXST Extra Seat

여행객이 자신의 좌석 이외 추가로 구매한 좌석

··· F ···

F/C First Class, 일등석

Face Value 항공권에 보여 지는 요금

FAK First Aid Kit

기내에 탑재되는 응급처치함으로 「항공법」에 의해 기내에 탑재되도록 규정되어 있으며 의사 처방 없이 사용가능하다.

그 내용물로는 멸균 거즈, 화상치료 거즈, 붕대, 지혈압박붕대, 삼각건,

인공호흡용 마스크, 일회용 의료 장갑, 가위, 핀셋 등이 있다.

Ferry Flight

항공기가 승객을 태우지 않고 빈 항공기로 비행하는 것으로 항공기 도입, 정비 혹은 편도 전세기 운항 등이 해당된다.

FFP Frequent Flyer Program 상용고객우대제도

Flag Carrier

자국을 대표하는 항공사를 말한다.

Flight Number 비행 편명

FOC Ticket Free of Charge Ticket: 무료항공권

Fragile Tag

항공사에 위탁되는 수하물에 깨지거나 상하기 쉬운 수하물에 부착하는 표로 Tag가 부착된 수하물은 다른 수하물에 비하여 더 조심하게 다루어진다.

FQTV Frequent Traveler 여행을 자주 하는 사람

··· G ···

Gate 항공기 탑승구

GD General Declaration

항공기가 입출항을 위해 행정당국에 제출하는 신고서이다. 항공편의 일반적인 사항, 승무원과 승객의 명단, 화물 목록 등이 기재되어 있다.

GMT Greenwich Mean Time

영국 그리니치 천문대 자오선을 기준으로 관측되는 평균 태양시를 말한다. 세계표준시간이라고 본다.

Go Show

예약이 확정되지 않은 승객이 해당 비행편의 잔여 발생 시 탑승하기 위해 공항에 나오는 것을 의미한다.

GPU Ground Power Unit

주기 중인 항공기에 전원을 공급하는 장비이다.

GTR Government Transportation Request

공무원이 해외 출장을 갈 때 자국 항공기를 이용하도록 하는 제도로 국가 예산으로 발행되는 티켓이란 의미로 Government Ticket Request이라고도 한다.

··· H ···

Hand Carry Baggage 휴대수화물

기내 반입 가능 수하물로 Carry on Baggage라고도 한다. 기내에 가지고 탈 수 있는 가방 크기는 세 변의 합이 115cm 이내이다.

Hangar 격납고

항공기의 정비 및 점검을 위한 공간이다.

HNML Hindu Meal

힌두교 여행객을 위한 소고기를 사용하지 않은 특별 기내식을 말한다.

HTL Hotel: 호텔

··· I ···

IATA International Air Transport Association

1945년 세계 주요 항공사들이 결성한 국제항공운송협회로 국제선 운임, 주요 국제공항의 운영 시간 조절, 공항 시설 사용료, 국제선 운임 조정권 등을 협의하는 민간기구이다.

ICAO International Civil Aviation Organization

1947년 세워진 국제민간항공기구로 비행의 안전 확보, 항공기술 향상, 항공로 및 항공시설 발달을 목적으로 하는 정부 간 국제기구이다. 우리나라는 1952년에 가입하였다.

Immigration 출입국심사

Inbound

외국인의 국내여행이나 화물의 국내유입을 의미한다. 이는 외국인 관광객의 국내 여행을 나타내는 지표로도 이용된다. 반대의 의미는 Outbound 이다.

··· L ···

LCC Low Cost Carrier

기내 서비스를 줄이거나 보유 항공기의 기종을 통일하여 유지 관리비를 줄이는 등의 효율화와 비용 절감을 통해 낮은 운임으로 운행하는 항공사이다. 우리나라에는 에어부산, 제주항공, 진에어, 티웨이 항공, 에어서울 등이 있다.

L/F Load Factor

탑승 가능 양에 대한 실제 탑승 및 탑재된 비율

Local Time 현지시간

Lost & Found 유실물 보관소

··· M ···

Mechanic 정비사

··· N ···

Nose Gear 항공기 전방에 있는 바퀴

NOSH No Show

예약이 확정된 여행객이 출발일 공항에 나타나지 않는 경우를 말한다.

Go Show Passenger는 이러한 경우 발생될 빈 좌석을 위해 공항에서 기다리는 승객이다.

Non Stop Flight

항공편이 출발지에서 목적지까지 중간에 체류없이 운항하는 것

Normal Fare 할인 적용이 안 된 IATA 정상운임

··· O ···

OAG Official Airline Guide

세계 모든 도시를 운항하는 스케줄을 수록한 항공시간표이다.

항공사 코드, 연계 항공편의 연결 시간, 국가별 환율, 항공운임의 적용기

준, 무료 수하물 허용량과 초과 수하물 요금, 세계표준시간과 현지시간,

Over Booking 초과예약

Open Ticket 정해진 예약 날짜가 없는 항공권

판매 가능 좌석 수보다 예약 수가 더 많은 상태를 말한다.

항공사에서는 주로 성수기에 이루어지며 No Show에 대한 대비이기도 하다.

··· P ···

PAX **Passenger** 승객

PETC Pet in Cabin: 객실 반입 반려동물

PNR Passenger Name Record: 승객예약기록

승객 성명, 연락처, 비행 여정 등 승객의 항공여행에 관한 주요 사항들과 여행 관련 각종 정보들이 기재된다.

··· R ···

Ramp 항공기 계류장

Rerouting 여정 변경

항공권 상의 항공편, 구간 혹은 목적지 등 탑승 예정 경로를 변경하는 것을 말한다.

Rear Seat 객실 뒤쪽 좌석

R/I Restricted Item

승객의 안전을 위해 기내 반입이 제한되는 물품을 말하며 Security Removed Item이라고도 한다. 소형 칼, 야구 방망이, 골프채, 총기류, 하키 스틱 등

으로 승객이 직접 운송할 수 없으며 항공사가 분리하여 운송한다.

Round Trip 왕복 여행

여행을 개시하여 그 출발 지점에 되돌아 오는 여행으로 왕복편을 동일한 경로로 이동하는 여행

Runway 활주로

항공기의 이륙 및 착륙 시 가속과 감속을 위해 필요한 지상 활주용 노면으로 가장 기본적인 공항시설이다.

··· S ···

Schedule 스케줄

항공운송에서의 스케줄은 일반적으로 운항스케줄을 의미한다. 운송서비스가 정해진 시간에 따라 제공되는 일정계획이다.

Seeing Eye Dog 시각장애인 안내견

Sky Team

2000년에 설립된 여객 분야의 항공동맹체이다. 대한항공, 델타항공, 아에로멕시코, 에어프랑스의 4개사가 창설하였으며, 2020년 현재 아에로플로트, 아에로멕시코, 에어 유로파, 에어 프랑스, 알이탈리아, 중국동방항공, 중화항공, 체코 항공, 델타항공, 케냐 항공, KLM, 대한항공, 중동 항공, TAROM, 베트남항공, 사우디아 항공, 아르헨티나 항공, 샤먼 항공, 가루다 인도네시아 항공까지 총 19개 회원사가 있다.

SHR Special Handling Request

승객의 인적사항, 특별 서비스 요구사항, VIP, CIP, UM, TWOV 등 탑승객에 관한 정보가 기재된 서류이다.

Special Meal 특별 기내식

항공사에서 승객의 건강, 종교, 연령 등의 이유로 성인식을 취식하지 못하는 경우를 위해 만드는 특별식이다. 항공편 출발 전 항공사에 예약 시 이용 가능하다.

Slot 슬롯

항공사가 항공기의 이·착륙을 위해 공항 당국으로부터 받은 공항이용시간에 대한 권리, 즉 시간당 가능한 이·착륙 횟수이다.

항공사마다 수요가 집중되는 시간대의 슬롯을 경쟁적으로 확보하려고 하여 영업권과 같은 가치를 지닌다.

SRI Security Removed Item: 기내반입제한품목

Star Alliance

1975년에 설립된 최초의 항공동맹체이다. 에어캐나다, 루프트한자, 타이항공, 유나이티드 항공, 스칸디나비아 항공의 5개 항공사가 설립하여 아시아나항공을 비롯하여 26개 회원사가 있다.

STCR Stretcher Passenger

앉아서 이동이 어려운 몸이 불편한 여행객이 누워 갈 수 있는 침대 환자를 의미하는 코드이다.

Stop Over

여행객이 출발지와 목적지의 중간 지점에서 24시간 이상 체류하는 것을 말한다.

SUBLO Subject to Load

해당 비행 편에 빈 여유 좌석이 있을 경우 탑승하는 것으로 무상 혹은 할인요금으로 탑승하는 승객이나 항공사 직원에게 적용하는 제도이다.

··· T ···

Taxiway 유도로

항공기가 활주로와 주기장, 정비 지역 등으로 이동할 때 이용되는 지상 통로이다.

Technical Landing

여객이나 화물 등의 하기 및 하역을 하지 않고 항공기 급유 혹은 기체 정비 등의 기술적 필요에 의해 착륙하는 것이다.

Transfer

여객이나 화물이 여정의 중간지점에서 동일 항공사의 다른 비행 편이나 타 항공사의 비행 편으로 갈아 타는 것이다.

TWOV Transit without Visa

여행객이 해당 국가를 방문하는 것이 아닌 제 3국으로 가기 위한 단순 통과인 경우 비자를 요구하지 않는데, 이런 경우를 비자 없이 통과한다는 것으로 TWOV라 한다.

··· U ···

UM Unaccompanied Minor

보호자 없이 혼자 항공기에 탑승하여 여행하는 만 5세~만 12세 이하 어린이로 비동반소아라 부른다.

Unchecked Baggage 기내휴대수하물

항공사에 위탁하지 않고 여행객이 직접 기내에 가지고 들어가는 수하물을 말한다.

··· V ···

VGML Vegetarian Meal: 채식

VIP Very Important Person

··· W ···

WCHC Wheelchair for Cabin

기내에서 이동할 때 사용하는 휠체어

Weight & Balance

항공기의 중량 및 중심 위치를 실측 또는 계산에 의해 산출하는 것을 의미한다.

참·고·문·헌

김영주(2006). 항공서비스 이용 승객의 불만 요인에 관한 연구, 한양대학교 국제관광대학원 석사학위논문.

김유경(2019). 항공기 탑승 전 · 후 서비스품질에 대한 지각과 체험 요인이 만족 및 구매의도에 미치는 영향: 체험경제이론 활용, **관광연구저널**, 33(12).

김윤숙, 홍영식(2021). **항공응급업무론**. 경기: 양성원.

김화영(2015). A380기내서비스가 고객만족과 충성도에 미치는 영향에 관한 연구−면세품 전시공간(DFS)과 BAR를 중심으로−, 경기대학교 서비스경영전문대학원 석사학위논문.

문희정, 김민경, 정보라(2021). **객실승무원의 이미지메이킹**. 경기: 양성원.

박윤미(2017). 항공사 객실승무원의 인적서비스가 고객배태성과 고객만족에 미치는 영향, **한국관광연구학회**, 31(9).

박수미, 배윤미(2020). **항공객실서비스론**. 경기: 양성원.

박주연(2019). **고객만족서비스**. 서울: 새로미.

서현경(2020). **심리학과 함께하는 승무원 면접 지침서**. 경기: 양성원

서창적, 황혜미(2012). 고객만족경영 지속성의 핵심 운영요인과 성과에 관한 연구, **서비스경영학회지**, 13(3), 243-273.

손영화(2013). **고객 심리학**. 서울: 커뮤니케이션북스.

심선아(2020). **서비스 커뮤니케이션**. 서울: CENGAGE.

엄경아, 이향정, 연지영(2016). **서비스인을 위한 이미지메이킹**. 서울: 지식인.

우평준, 이호진(2011). 공기업의 혁신: 한국인천공항공사 사례, **창조와혁신**, 4(2), 79-109.

윤원호(2020). **공항운영과 항공보안**. 서울: 한올.

이인희(2012). **기내서비스 지상운영**. 경기: 백산.

이지민, 박수미, 박민자(2020). **항공 기내식음료 서비스 실무**. 서울: CENGAGE.

이지영, 최성우(2019). 항공서비스와 공항서비스의 대기환경이 지각된 대기시간과 서비스만족도에 미치는 영향에 관한 연구, **품질경영학회지, 47**(3), 583-595.

이진영(2019). 항공운송 서비스 요인에 따른 고객 만족에 관한 연구, 배재대학교 대학원 석사학위논문.

임성은(2021). **고객서비스 향상실무**. 경기: 양성원.

진철웅(2019). 인천국제공항의 공항서비스품질이 고객만족과 비재무적 성과에 미치는 영향, 호남대학교 대학원 박사학위논문.

황호원, 김승우(2017). 기내난동 승객에 대한 국내 탑승거절제도 연구－공권력 집행 차원에서 탑승거절제도 운용방안－, **한국항공경영학회지**, 49-66.

허국강, 이태규(2013). **항공여객운송서비스**. 경기: 백산.

허민영, 손지연(2019). 한국의 소비자시장평가지표 생산 및 고도화 연구: 서비스 시장, **한국소비자원**, 정책연구 19-05.

허희, 유용재(2016). **항공관광업무론**, 경기: 명경사.

한국산업인력공단, 직업기초능력 학습모듈, www.ncs.go.kr

Babbar, S., & Koufterous, X.(2008). "The Human Element in Airline Service Quality: Contact Personnel and the Customer," *International Journal of Operations and Production Management*, 28(9), 804-830.

Perry, Richard & Andrew Whittaker(2002). *Viral Marketing in a Week*. Hodder & Stoughton.

관세청 www.customs.go.kr

국립국어원 표준대사전 www.stdict.korean.go.kr

대한항공 www.koreanair.com

미국관세국경보호청 www.cbp.gov

아시아나항공 www.flyasiana.com

인천국제공항공사 www.airport.kr

정부24 www.gov.kr

직업백과 www.job.asamaru.net

제주항공 www.jejuair.net

하버드비즈니스리뷰 www.hbrkorea.com

한국서비스품질지수 www.ks-sqi.ksa.or.kr

한국소비자원 www.kca.go.kr

한국생산성본부 www.ncsi.or.kr

항공법 www.law.go.kr

항공위키 www.airtravelinfo.kr

찾아보기

ㄱ

객실서비스 ········· 53
객실조명 ········· 116
건강식 ········· 101
경청 ········· 15, 44
고객 만족 ········· 40
고객서비스 ········· 41
고객심리 ········· 38
공감 ········· 44
공항서비스 ········· 56, 59
구전홍보 ········· 36
국제항공운송협회 ········· 55
권위적인 고객 ········· 45
기내 면세품 판매 ········· 116
기내식 서비스 ········· 99
기내식 서비스 방법 ········· 99
기내식음료 ········· 88
기내음료 서비스 방법 ········· 90

ㄷ

독점 심리 ········· 38

ㅁ

말씨 ········· 15
말 하는 태도 ········· 15
면세품 ········· 116
모방 심리 ········· 39
물적 서비스 ········· 62

ㅂ

바이럴 마케팅 ········· 36
버즈 마케팅 ········· 36
보상 심리 ········· 39
불만고객 ········· 42
불법행위 ········· 121
비상구열 승객 ········· 85

비즈니스 메모 24
비행 중 서비스 88

ㅅ

사과 44
사증 130
사후관리 45
서비스 실패 42
세관 신고서 130
소극적 경청 25
승객정보사전분석시스템 57
식전음료(Aperitif) 89
신속한 문제해결 44

ㅇ

야채식 101
여권자동판독시스템 57
연령별 특별식 101
외적 요소 11
우월 심리 38
음성 요소 11
의사소통 14
의심 많은 고객 46
이미지 메이킹(Image Making) 11
인적 서비스 63
일반식(Normal Meal) 99
입국 카드 130

ㅈ

자기 본위적 심리 39
자세 14
재촉하는 고객 46
적극적 경청 24
정서적 요소 11
종교식 100

ㅊ

착륙 전 서비스 130
출입국 관련 서류 130
출입국서비스 57

ㅋ

칵테일 93
커뮤니케이션 14

ㅌ

트집 잡는 고객 46
특별식(Special Meal) 99, 100

ㅍ

표정 ······ 13

ㅎ

항공 기내난동 ······ 98
항공권 ······ 143
항공운송서비스 ······ 53
행위적 요소 ······ 11
환영기대 심리 ······ 38

기타

FSC(Full Service Carrier) ······ 99
I Message ······ 29
Jump Seat ······ 69
KISS(Korea Immigration Smart Service) ······ 57
LCC(Low Cost Carrier) ······ 99
MOT(Moment of Truth) ······ 38
S.H.R(Special Handling Request) ······ 101
VOC(Voice of Customer) ······ 41
WOM(Words of Mouth) ······ 36
You Message ······ 29

저/자/소/개

■ 박수미

동명대학교 대학원 관광학 박사

전) 대한한공 객실승무부 국제선 승무원
현) 부산여자대학교 항공서비스과 조교수
사단법인 부산관광미래네트워크 정책위원

항공사서비스 롤 플레이

1판 1쇄 인쇄 — 2022년 1월 10일
1판 1쇄 발행 — 2022년 1월 14일

저　　자 - 박수미
발 행 인 - 강철원
발 행 처 - 양성원
주　　소 - 경기도 파주시 검산로 173번길 29-20
전　　화 - 031-946-3861(代)
팩　　스 - 031-946-3864
이 메 일 - tnwpub@naver.com
홈페이지 - tnwpub.co.kr
출판등록 - 2015년 8월 31일 제 2015-000211 호

ISBN 979-11-6126-410-3

정가 19,000원